Das neue SYNERGISTISCHE MUSKELTRAINING

Kürzer, härter, besser – hocheffektive Übungen & synergistische Trainingspläne für den optimalen Muskelaufbau

Klaus Arndt

novagenics

Wichtiger Hinweis für den Leser
Die Erkenntnisse der Sportwissenschaft und Medizin unterliegen laufendem Wandel durch Forschung und Erfahrung. Alle in diesem Buch getroffenen trainingsmethodischen Empfehlungen wurden vom Autor mit großer Sorgfalt erarbeitet und geprüft. Das entbindet den Nutzer dieses Werkes jedoch nicht von der Verpflichtung, präventive und therapeutische Entscheidungen in eigener Verantwortung zu treffen.

ISBN 13: 978-3-929002-67-6

Bibliographische Information der Deutschen Nationalbibliothek
Die Deutsche Nationalbibliothek verzeichnet diese Publikation in der Deutschen Nationalbibliografie; detaillierte bibliografische Daten sind im Internet über http://dnb.d-nb.de abrufbar

Klaus Arndt: Das neue Synergistische Muskeltraining. Kürzer, härter, besser – hocheffektive Übungen & synergistische Trainingspläne für den optimalen Muskelaufbau.

2. Auflage Novagenics-Verlag 2025

Urheber der Abbildungen für das Cover
- Freepik.com: abstract-textured-backgound – benzoix
- Shutterstock.com: Stock Photo ID: 1225786270 – UfaBizPhoto
- Shutterstock.com: Stock Photo ID: 2266309867 – Dusan Petkovic
- Shutterstock.com: Stock Photo ID: 1490821649 – Srdjan Randjelovic
- Shutterstock.com: Stock Photo ID: 1837269001 – n.k.junky

Urheber der Abbildungen im Text
- Übungszeichnungen: Lily & Bengt Moll
- Muskeln des Körpers: Shutterstock.com: Stock Photo ID: 1267455463 – TreesTons

Verantwortlich für Produktsicherheit: Klaus Arndt, eMail: info@novagenics.com

INHALT

Verzeichnis der Tafeln

*

Einleitung

Der Vorgänger dieses Buches, »Synergistisches Muskeltraining« (Erstauflage im Jahr 2000), gilt bereits als moderner Klassiker der Kraftsportliteratur. Zehntausende von Bodybuildern haben ihr Muskelaufbau-Training an diesem Konzept ausgerichtet und großen Erfolg damit gehabt.

Das neue synergistische Muskeltraining ergänzt seinen Vorgänger um wichtige Aspekte. Es gibt jetzt auch Hinweise zur Trainingsintensität, klärt auf, welche Intensitätstechniken sinnvoll sind und welche nicht. Viele Hinweise zur Übungsausführung wurden ergänzt; weniger effektive Übungen aussortiert und neue, für den Muskelaufbau hocheffektive Übungen, hinzugenommen. Für die Illustration der Übungen wurden neue Zeichnungen angefertigt – mit vielen Details, die bei anderen Abbildungen zur Übungsausführung häufig fehlen. Darüber hinaus wird der Vermeidung von Verletzungen im Training mehr Aufmerksamkeit geschenkt und es werden, wo möglich, alternative Übungen vorgestellt, die bei eingetretenen Verletzungen der Bizepssehne oder des unteren Rückens noch ausgeführt werden können.

Die Trainingspläne sind etwas kürzer geworden, das erlaubt eine bessere Konzentration auf die jeweiligen Übungen und Sätze und damit einen größeren Erfolg beim Muskelaufbau. Wir wissen, dass man sich im Laufe der Jahre mit einem höheren Trainingsumfang in fast allen Sportarten verbessert – das gilt aber nicht für den Kraftsport. Hier gilt es zu bedenken, dass zunehmende Muskelmasse und Aktivierung von immer mehr Muskelfasern durch Trainingserfahrung dazu führen, dass die Belastung durch das Training immer höher wird, während die Erholungsfähigkeit begrenzt ist. Daher gilt vor allem für fortgeschrittene Bodybuilder, dass die Trainingsqualität – die präzise Ausführung der Übungen, die richtige Übungsabfolge sowie die Vermeidung von Verletzungen und Übertraining – vor der Quantität stehen muss. Anders ausgedrückt: Beim Muskelaufaufbau ist weniger häufig mehr!

Ich bin zuversichtlich, Sie von den Vorteilen des neuen synergistischen Muskeltrainings überzeugen zu können.

Klaus Arndt

KAPITEL 1

DIE GRUNDLAGEN

Mehr Training, bessere Ergebnisse?

Muskeltraining und Muskelaufbau sind doch leicht zu lernen? Wer Gewicht bewegt, baut Muskeln auf. Wer viel trainiert, baut mehr Muskeln auf. Wer jeden Körperteil erschöpfend trainiert, bekommt einen perfekten Körper. Nun, wenn es so einfach wäre, dann müssten einem in unseren Fitness-Studios die Augen übergehen vor lauter perfekten, symmetrisch gebauten Athleten. Sie und ich wissen nur zu gut, dass es nicht so ist. In den meisten Studios und Fitness-Anlagen muss man die wirklich guten Bodybuilder mit der Lupe suchen.

Die Mehrzahl der Mitglieder sind junge Leute, die sehr motiviert trainieren oder solche Menschen, die versuchen, ein Gewichtsproblem in den Griff zu bekommen. Die dritte große Gruppe bilden jene, die eher lustlos mit den Gewichten hantieren und zu glauben scheinen, allein die Atmosphäre im Fitness-Studio verhelfe schon zu einem perfekten Körper. Eines haben sie alle gemeinsam: Man sieht ihnen oft nicht an, dass sie so viel Zeit im Fitness-Studio verbringen. Dabei ist effektives Muskeltraining wirklich nicht kompliziert. Für einen perfekten Körper muss man weder endlose Trainingseinheiten absolvieren, noch jede exotische Übung in seinen Trainingsplan einbauen. Wer nur ein wenig Zeit investiert, gesunden Menschenverstand einsetzt und die Grundlagen des Muskelaufbaus verstanden hat, der erreicht sein Ziel sehr schnell: einen starken, muskulösen und symmetrischen Körper.

Unzureichende Erholung durch zu viele Trainingseinheiten, zu viele Sätze und Wiederholungen pro Trainingseinheit, der Einsatz wenig effektiver Übungen, die falsche Reihenfolge der Übungen und ein falsch verstandenes Split-Training führen aber häufig dazu, dass so mancher Kraftsport-Enthusiast zwar viel Zeit im Studio verbringt, doch nur unbefriedigende Ergebnisse in Form von Muskeln vorweisen kann.

Dieses Buch erklärt, warum manche Übungen für den Muskelaufbau ungleich besser geeignet sind, als andere. Darüber hinaus zeigt es auf, wie man durch sinnvolle Übungskombinationen nicht nur schneller Muskelmasse aufbaut, sondern auch viel Trainingszeit spart. Als Basis des hier vorgestellten Prinzips eines synergistischen Muskeltrainings dienen nicht nur die Kenntnisse über die Funktion der verschiedenen Muskeln des Körpers, sondern auch jene Grundsätze, die Kraftsport und Bodybuilding seit den Anfängen dominieren: Kurze, harte Trainingseinheiten, der vorwiegende Einsatz von schweren Grundübungen und sehr viel Erholung bringen den gewünschten Erfolg.

Warum Anfänger wenig falsch machen können, erfahrene Kraftsportler dagegen umso mehr

Beim Bodybuilding handelt es sich nicht um einen rein mechanischen Vorgang, bei dem die Muskeln das Gewicht gegen einen Widerstand bewegen. Das Training beinhaltet auch einen wichtigen Lernprozess: Der Körper vermag zu Anfang, wenn erstmals ein Krafttraining aufgenommen wird, nur wenige Muskelfasern zu aktivieren. Je öfter eine Bewegung durchgeführt wird, desto mehr Muskelfasern werden dafür eingesetzt, weil im Gehirn und in den Extremitäten neue Nervenbahnen gebildet und vorhandene Nervenstränge neu verschaltet werden. Mit fortschreitender Trainingserfahrung bildet der Körper nicht nur mehr und stärkere Muskelfasern aus; er lernt auch, sie in immer größerem Umfang zu nutzen.

Wer mit dem Krafttraining beginnt, wird in der Regel rasch Muskeln und Kraft aufbauen, weil der Lernprozess der Aktivierung von Muskelfasern anfangs recht schnell abläuft. Und weil ein Anfänger zunächst nur einen geringen Teil seiner Muskelfasern effektiv einsetzt, kann er so gut wie gar nicht übertrainieren. Die erwünschten Fortschritte beim Muskelaufbau stellen sich quasi wie von selbst ein. Doch bereits nach einem halben Jahr regelmäßigen Trainings kann er mit viel mehr Muskelfasern arbeiten. Das drückt sich dadurch aus, dass erheblich mehr Gewicht bewegt werden kann. Gleichzeitig erhöht sich der Bedarf an Erholung.

Die logische Folge davon ist, dass das Training kürzer ausfallen und dem Körper mehr Zeit zur Erholung gegönnt werden muss. Daran denken die meisten Kraftsportler aber nicht, wenn sie, auf strenge Disziplin bedacht, kein Training ausfallen lassen und sich rigorosen Trainingsplänen unterwerfen. Dabei kann der Anfänger mit einem hohen Trainingsvolumen sehr gute Fortschritte machen, der erfahrene Kraftsportler arbeitet damit aber nur selten effektiv.

Zuviel Training ist kontraproduktiv

Ein Schlüsselfaktor für den Muskelaufbau ist der Trainingsreiz und die daraus folgende Überkompensation, also die Anpassung an die vorausgegangene Belastung, durch Muskelwachstum. Der Trainingsreiz ist dann gegeben, wenn das Training so intensiv ausfällt, dass es die Muskeln zwingt, auf den Stress zu reagieren und zu wachsen; das ist der einfache Teil. Die Überkompensation steht aber in direkter Verbindung mit der Erholungskapazität des Körpers, das kompliziert die Sache.

Obwohl nicht alle Einzelheiten des Erholungsprozesses restlos geklärt sind, so weiß man doch, dass Zeit und Ruhe dabei wesentliche Faktoren darstellen. Man weiß auch, dass die Erholungskapazität sich nicht proportional zur Kraft entwickelt. Der Mann kann seine Kraft im Durchschnitt um etwa 300 % steigern, bevor er sein Potenzial voll ausgeschöpft hat. Bei Frauen liegt dieser Wert bei etwa 200 %. Die mögliche Steigerung der Erholungskapazität fällt im Vergleich dazu aber deutlich geringer aus. Das bedeutet: Je länger Sie bereits mit Hanteln trainieren und je stärker Sie werden, desto höhere

Die Verteilung von Training und Erholung

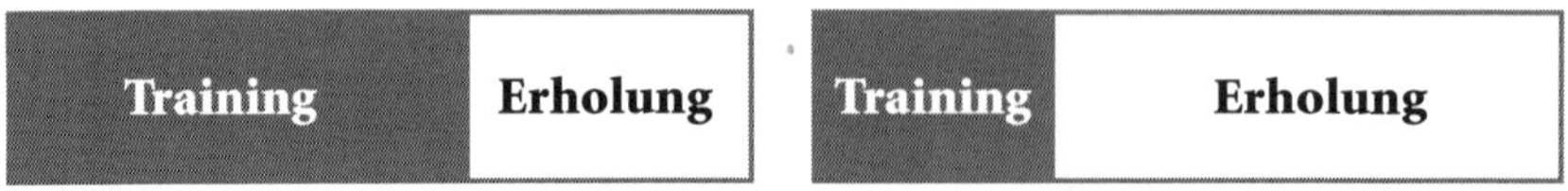

falsch **richtig**

Die Verteilung zwischen Trainingszeit und Erholungszeit ist der Schlüssel zum schnellen Muskelaufbau. Wer viel und lange trainiert, kann nicht besonders effektiv trainieren. Nicht nur, dass dabei Trainingszeit »vergeudet« wird; auch für die Erholung steht meistens nicht mehr genug Zeit zu Verfügung. Die Muskeln werden dauernd überlastet und sie bekommen nicht genug Zeit für die Regeneration. Nur anders herum ergibt es einen Sinn: Kurze, harte und nicht zu häufige Trainingseinheiten fordern die Muskulatur optimal, lassen aber gleichzeitig ausreichend Zeit für die Anpassung an die Belastung und das gewünschte Muskelwachstum. Vergessen Sie nie: Muskeln wachsen in Ruhe, nicht beim Training!

Ansprüche stellen Sie an Ihre Erholungskapazität. Um beide Faktoren auszubalancieren, müssen Sie kürzer, aber intensiver trainieren, wenn Sie kontinuierlich Muskeln aufbauen wollen. Jedes Training ist dabei auch ein negativer Faktor, weil es die Ressourcen belastet. Doch je weniger die Erholungskapazität ausgeschöpft wird, desto mehr Ressourcen stehen letztlich für das Muskelwachstum zur Verfügung. Die Schwierigkeit liegt darin, die richtige Balance zwischen Übertraining und Untertraining zu finden.

Beim Übertraining muss sich der Körper gegen den Stress zu häufiger, maximal erschöpfender Trainingseinheiten wehren, beim Untertraining ist der Trainingsreiz einfach zu gering, um den Körper aus seiner Lethargie zu reißen und zum Wachstum zu zwingen. Daraus folgt: Ihr Training muss kurz sein; so kurz, dass man Übertraining so weit wie möglich ausschließen kann. Aber es muss gleichzeitig intensiv genug sein, um überhaupt Muskelwachstum auszulösen.

Übertraining, besonders »partielles Übertraining« (dazu später mehr), ist das größte Problem eines hoch motivierten Bodybuilders und Kraftsportlers. Übertraining ist ein kataboler Zustand, bei dem Muskelmasse abgebaut wird. Egal, wie hart dann weiter trainiert wird, die Situation verschlimmert sich nur noch. Jede weitere Übung, jede weitere Wiederholung ist jetzt nur noch vergeudete Zeit. Das Ziel muss deshalb sein, Übertraining so zuverlässig wie möglich auszuschließen. Dahin gelangt man am besten, indem kurz und nicht zu häufig, aber sehr hart trainiert wird.

Lassen Sie uns zunächst über »hartes« Training sprechen: Es zeichnet sich durch hohe Intensität und wachsende Belastung durch steigende Gewichte aus, bei gleichzeitig korrekter Ausführung der Übungen.

Intensives Training beansprucht mehr Muskelfasern

Muskeln bauen Sie am besten mit hochintensivem Training auf. Hochintensiv bedeutet, einen Satz bis zum Punkt des momentanen Muskelversagens auszuführen – aber nicht darüber hinaus. Momentanes Muskelversagen ist dann gegeben, wenn es Ihnen nicht mehr möglich ist, eine weitere Wiederholung mit korrekter Technik abzuschließen.

Jeder Muskel Ihres Körpers besteht aus Tausenden von Muskelfasern. Leichtes Training beansprucht nur wenige dieser Fasern. Hochintensives Training dagegen beansprucht eine maximale Anzahl von Muskelfasern und löst so ein stärkeres Wachstum aus.

Eine Voraussetzung für diesen Wachstumsprozess ist die Fähigkeit, die letztmögliche Wiederholung durchzustehen, jene Wiederholung, die am schmerzhaftesten ist. Erst wenn Sie gelernt haben, den Schmerz und das Brennen in den trainierten Muskeln auszuhalten, werden Sie maximale Ergebnisse erzielen. Da sich die Muskeln aber sehr schnell einer gleichbleibenden Belastung anpassen, müssen auch die Trainingsgewichte immer weiter gesteigert werden.

Kontinuierliche Überlastung

Kontinuierliche Überlastung bedeutet in der Theorie, die Arbeitslast von Trainingseinheit zu Trainingseinheit, also fortlaufend, zu steigern. In der Praxis gelingt das allerdings selten; eher ist es so, dass man bei einer Übung mit jeder neuen Trainingseinheit etwas besser wird, bis in der zweiten oder dritten Trainingseinheit dann eine Wiederholung mehr gelingt.

Eine Übung über längere Zeit auf die gleiche Weise und mit unverändertem Gewicht zu absolvieren, hält das Erreichte, baut aber schon bald keine neue Muskulatur mehr auf. Versuchen Sie besser, die Übung zunehmend härter zu gestalten. Sie können das erreichen, indem Sie mehr Gewicht auflegen, mehr Wiederholungen ausführen oder indem Sie jede einzelne Wiederholung langsamer ausführen (bei verringerter Bewegungsgeschwindigkeit ist bei vielen Übungen der Schwung ausgeschaltet und die Dauer der Muskelanspannung wird verlängert).

Die optimale Wiederholungszahl für den Muskelaufbau im Bodybuilding liegt zwischen acht und 12. Wenn Sie nur acht schaffen, ist das Gewicht zu schwer. Wenn Sie 12 oder mehr schaffen, sollte das Gewicht bei der nächsten Trainingseinheit um fünf Prozent gesteigert werden. Mit dem höheren Gewicht schaffen Sie jetzt wieder nur acht bis zehn Wiederholungen und der Versuch, mehr als 12 zu schaffen, beginnt aufs Neue.

Korrekte Ausführung der Übungen

Die Technik, also die Art und Weise, wie Sie Ihre Wiederholungen ausführen, ist für optimale Ergebnisse ungeheuer wichtig. Dabei spielen sowohl die Bewegungsgeschwindigkeit als auch der Bewegungsspielraum eine Rolle. Die Bewegungen sollten stets langsam und gleichmäßig ausgeführt werden. Langsame Bewegungen belasten Ihre Muskeln voll, ohne sie zu gefährden. Schnelle Bewegungen weisen dagegen Kraftspitzen zu Beginn und am Ende der Bewegung auf; das ist gleichermaßen gefährlich (Zerrungen oder andere Verletzungen werfen Sie in Ihrem Bemühen um mehr Muskelmasse weit zurück) und weniger effektiv für den Muskelaufbau.

Vergessen Sie auch nicht, den Bewegungsspielraum voll auszunutzen, sonst trainieren Sie den Muskel nicht über seine ganze Länge. Ein Kraft- und Massezuwachs stellt sich deutlich schneller ein, wenn die Muskeln in jeder Position des Bewegungsspielraums voll belastet werden. Arnold Schwarzenegger hat einmal gesagt: »Nur ein vollständig gedehnter Muskel kann maximal kontrahieren.« Das bedeutet: Eine Wiederholung, egal bei welcher Übung, beginnt immer mit der bestmöglichen Dehnung des Zielmuskels und endet mit seiner vollständigen Anspannung.

Sie müssen also sehr hart arbeiten, um effektiv Muskeln aufzubauen, dafür müssen Sie aber nicht so lange trainieren.

Kürzere Trainingseinheiten bringen mehr

Wenn Sie Ihre Übungen mit korrekter Technik und hoher Intensität ausführen, müssen die Trainingseinheiten kurz sein. Der Ausspruch »You can't sprint a mile« bringt es auf den Punkt: Niemand kann über eine Meile (1.600 Meter) so viel Kraft entfalten und so schnell laufen, wie er das auf 100 Metern könnte. Auch beim Muskelaufbau schließen hohe Intensität, schwere Gewichte und volle Konzentration auf die Sache aus, dass lange trainiert werden kann. Das widerspräche auch dem Konzept des synergistischen Trainings, das auf höchste Effektivität angelegt ist.

Jeder Kraftsportler kennt die Erschöpfung nach etwa einer Stunde harten Trainings; viele zwingen sich trotzdem, ihr Trainingsprogramm weiter durchzuziehen. Das ist nicht nur unnötig, sondern kontraproduktiv. Nicht die Anzahl der Übungen und Sätze entscheidet über den Trainingserfolg, sondern die Intensität, mit der trainiert wird. Da man aber nicht lange sehr intensiv trainieren kann, darf das Training ruhig kurz ausfallen. Stellen Sie sich also darauf ein, beim synergistischen Training nicht mehr als 8 bis 12 Sätze pro Trainingseinheit auszuführen, das Bauchtraining eingeschlossen. Trotzdem wird der gesamte Körper in der Woche ausreichend trainiert, denn die Übungen folgen synergistisch aufeinander, so dass insgesamt weniger Sätze nötig sind.

Zudem darf nicht so häufig trainiert werden. Der Körper braucht etwa 48 bis 72 Stunden, also 2 bis 3 Tage, um sich von einer anstrengenden Trainingseinheit zu erholen. Nur so kann er über das übliche Maß hinaus kompensieren und wachsen. Bekommt er nicht diese absolut notwendige Zeit zur Erholung, stellt sich sehr schnell Übertraining ein; übertrainierte Muskeln wachsen aber nicht mehr! Trainieren Sie daher besser nur jeden zweiten Tag oder nur zweimal in der Woche, um optimale Resultate zu erzielen. Begehen Sie nicht den Fehler, zu glauben, »mehr ist besser« gelte auch für das Training. Damit liegen Sie absolut falsch. »Besser« sind härtere, intensivere Trainingseinheiten und je härter sie sind, desto kürzer müssen sie sein.

Daneben muss beachtet werden, dass einige schwere Übungen häufig eine noch längere Regenerationszeit erfordern: Kniebeugen, Kreuzheben und schwere Dips belasten viele Muskeln gleichzeitig. Wer also alle zwei oder drei Tage diese Übungen wieder ausführt, wird schnell merken, dass er sich nicht steigert, sondern in seinen Leistungen zurückfällt. Daher werden diese Übungen beim synergistischen Training in der Regel nur einmal pro Woche ausgeführt. Und das ist nicht »zu wenig«, wie mancher Leser jetzt denken wird: Es bringt wirklich mehr, die Übungen – gut erholt vom letzten Mal – mit voller Leistung anzugehen.

Im 3. Kapitel dieses Buch sind Trainingsprogramme aufgeführt, die nach synergistischen Prinzipien zusammengestellt sind. Die Programme für zwei Trainingstage pro Woche eignen sich für solche Athleten, die nicht viel Zeit erübrigen können. Die Programme für drei Trainingstage pro Woche dürften für die meisten Bodybuilder das Optimum darstellen. Die Programme für vier Trainingstage pro Woche sind für die Enthusiasten gedacht, die doch häufiger ins Studio müssen. Sie sind daher von der Anzahl der Übungen und Sätze etwas kürzer gehalten, um Übertraining zu vermeiden.

Wer nur kurz und nicht so häufig trainiert, der hat auch die Kraft für die schweren Übungen, die wirklich einen schnellen Muskelzuwachs bringen. Obendrein wird keine wertvolle Trainingszeit mit wenig effektiven Übungen verschwendet und der Körper nicht mit einer Vielzahl von Sätzen überlastet. So freut sich der Athlet auf jedes Training, statt sich – wie so häufig

– nur pflichtbereit ins Studio zu zwingen. Und der Spaß an der körperlichen Anstrengung, die Freude über gute Fortschritte beim Aufbau von Muskelmasse und Kraft – hat das nicht jeden von uns einst bewogen, mit dem Krafttraining zu beginnen? Genau das bekommt man mit dem synergistischen Muskeltraining zurück.

Maximale Muskelentwicklung mit den richtigen Übungen

Auch wenn es zunächst wenig einleuchtend klingt: Wenn Sie wollen, dass Ihre Oberarmmuskeln wachsen, müssen Sie auch die Beine trainieren. Intensives Beintraining löst ein Muskelwachstum am ganzen Körper aus. Sie erreichen daher die beste Massezunahme am gesamten Körper – Brust, Rücken und Arme eingeschlossen – wenn Sie Kniebeugen nicht außen vor lassen.

Zugegeben, Beintraining ist bei den meisten Bodybuildern nicht sehr beliebt, ganz einfach, weil es sehr anstrengend ist. Das Gleiche gilt für Kreuzheben, nach der Kniebeuge die am häufigsten unterschätzte Übung. Doch ebenso wie diese fordert das Kreuzheben beinahe alle Muskeln des Körpers. Wenn Sie beide Übungen noch nie trainiert haben, dann fangen Sie am besten gleich damit an. Beginnen Sie ruhig mit wenig Gewicht, lernen Sie die richtige Technik und steigern Sie sich langsam. Doch verschenken Sie nicht das ungeheure Potenzial für die Muskelentwicklung am ganzen Körper, indem Sie diese beiden Grundübungen auslassen.

Gerade weil bei Kniebeugen und Kreuzheben so viele Muskelgruppen beteiligt sind, kann dabei schweres Gewicht eingesetzt werden. Und das ist der Schlüssel zum Muskelwachstum. Je mehr Gewicht Sie bewegen, desto schneller wachsen Ihre Muskeln – und zwar alle Muskeln des Körpers, egal ob Sie direkt an der Bewegung beteiligt sind oder nicht. Einer der wichtigsten Ratschläge, die man einem Bodybuilder geben kann, ist dieser: Ziehen Sie schwere Grundübungen den Isolationsübungen vor (jenen Übungen, bei denen der Zielmuskel weitgehend allein arbeitet).

Daraus folgt: Kniebeugen sind die beste Übung für die Muskelentwicklung, Kreuzheben die zweitbeste; es folgen Dips und Klimmzüge, Bankdrücken, schweres Rudern und Drücken über Kopf. Sie dürfen sich die durch solche Übungen erzielten Ergebnisse nicht als diffuses Massewachstum vorstellen: Sie trainieren damit auch die auf den ersten Blick nur unterstützend beteiligten Muskeln sehr viel effektiver, als es mit Isolationsübungen möglich wäre, ganz einfach, weil mehr Gewicht im Spiel ist. So sind z.B. Dips und Bankdrücken nicht nur die effektivsten Übungen für die Brustmuskulatur, sondern auch die besten Übungen für die vorderen Schultern und die Trizepsentwicklung. Kreuzheben ist nicht nur die effektivste Übung zur Entwicklung der Rückenmuskulatur, sondern auch die beste Übung für den Beinbizeps. Und alle vorgebeugten Ruderübungen, die mit schwerem Gewicht ausgeführt werden, trainieren die Bizepse und die hinteren Schultern unglaublich effektiv; viel besser, als es mit Isolationsübungen wie Curls bzw. vorgebeugtem Seitheben, jemals möglich wäre.

Das ist keine neue Entdeckung. Die großen Champions des Kraftsports haben ihre beeindruckende Muskulatur nicht mit Fliegenden Bewegungen für die Brust, Trizeps-Kickbacks oder Konzentrationscurls aufgebaut. Das Geheimnis ihres Erfolges und ihres perfekten Körpers sind schwere Grundübungen, das ist bereits seit den Anfängen des Kraftsports so. Weil aber viele heutige Bodybuilder diesen Umstand nicht bedenken, behindern sie ihren Muskelaufbau auch auf andere Weise.

Falsche Reihenfolge der Übungen, falsches Split-Training

Das Problem könnte man »partielles Übertraining« nennen. Im Gegensatz zum generellen Übertraining, bei dem die Erholungskapazität des ganzen Körpers erschöpft ist (dazu mehr im 3. Kapitel), können auch einzelne Muskelgruppen übertrainiert werden. Übertraining bedeutet, dass kein Muskelwachstum mehr möglich ist, egal wie hart man weiter trainiert. Das erklärt, warum mancher Bodybuilder trotz härtesten Trainings bestimmte Körperpartien nicht richtig entwickelt.

Wenn sich die vorderen Köpfe der Schultermuskeln durch Dips und Bankdrücken am besten trainieren lassen, so bedeutet das auch, dass sie dabei stark belastet werden und sich erholen müssen. Die seitlichen Köpfe der Schultermuskeln arbeiten beim Bankdrücken ebenfalls mit, wenn auch nicht ganz so hart wie die vorderen. Und die hinteren Muskelköpfe der Schultern werden bei den meisten Rückenübungen stark gefordert.

Wenn dann in der gleichen Trainingseinheit oder am nächsten Tag ein »normales« Schulterprogramm folgt, z.B. das klassische Frontheben für den vorderen Muskelkopf, Seitheben für den seitlichen und vorgebeugtes Seitheben für den hinteren, in der Regel auch noch mit jeweils 3-4 Sätzen, dann können Sie sich leicht ausrechnen, dass eine so kleine Muskelgruppe wie die Schultern schnell übertrainiert wird. Ähnliches gilt für die Bizepse. Ein hartes Rückentraining mit Klimmzügen, bzw. Latziehen und Ruderübungen fordert den Bizepsen alles ab. Wer jetzt noch in der gleichen Trainingseinheit oder schon am nächsten Tag die Bizepse mit der üblichen Anzahl an Sätzen von Lang- und Kurzhantelcurls traktiert, der darf sich nicht wundern, wenn sie nicht wachsen wollen.

Aus diesem Grund erzielen die meisten Bodybuilder mit herkömmlichen Splitprogrammen nicht die Fortschritte, die sie sich erhoffen. Es macht einfach keinen Sinn, den Rücken pro Woche zweimal mit 12 Sätzen zu trainieren und die Bizepse ebenfalls zweimal pro Woche mit 12 Sätzen. In der Summe ergibt das nämlich 24 Sätze pro Woche für den Rücken als größte Muskelgruppe des Körpers, und 48 Sätze für die Bizepse, eine der kleinsten Muskelgruppen! All die Mühe im Studio war vergebens; ein derart übertrainierter Bizeps wird niemals wachsen, das ist sicher.

Im Laufe der Zeit weitet sich das Problem noch aus. Die großen Muskelgruppen wie Brust, Rücken und Beine sind ausreichend trainiert und wachsen kräftig. Die kleinen Muskelgruppen wie Bizepse, Trizepse und Schultern dagegen sind andauernd übertrainiert und wachsen nicht mit. Einen symmetrischen Körperbau wird man so niemals erreichen, von der verschwendeten Zeit gar nicht zu reden. Dabei ist die Lösung des Problems ganz einfach, wenn man etwas weiter in die Geschichte des Kraftsports zurückschaut.

Effektive und wenig effektive Übungen

Einstufung nach dem Potenzial für die Muskelentwicklung der betreffenden Körperpartie.

schlechter — besser

Für den Rücken

Kreuzheben

Latziehen zum Nacken mit Obergriff

Für die Brust

Dips vorgebeugt, Ellbogen ausgestellt

Fliegende Bewegung stehend am Kabel

Für die vorderen Schultern

Bankdrücken mit der Langhantel

Frontheben

Für die hinteren Schultern

Langhantelrudern vorgebeugt mit Untergriff

Seitheben vorgebeugt

schlechter — besser

Für den Bizeps

Klimmzüge mit schulterweitem Untergriff

Konzentrationscurl sitzend

Für den Trizeps

Dips aufrecht, Ellbogen eng am Körper

Trizeps-Kickbacks

Für den Bauch

Beinheben hängend

Sit-Ups

Für die vorderen Oberschenkel

Kniebeuge

Beinstrecken

Die Grundregeln gelten immer noch

Die großen Champions der 1950er und 1960er Jahre wiesen bereits eine sehr gute Muskelentwicklung auf. Die Symmetrie eines Steve Reeves ist bis heute unerreicht, Reg Park gilt als einer der massivsten Athleten in der Geschichte des Kraftsports und Larry Scotts Bizepsentwicklung ist auch im Vergleich zu heutigen Bodybuildern noch legendär. Im Unterschied zu modernen Bodybuildern haben diese großartigen Kraftsportler aber viel weniger Übungen trainiert und sie haben im Ganzen erheblich weniger trainiert. In den 1950ern galt ein dreimaliges Ganzkörpertraining pro Woche mit schweren Grundübungen als optimal für eine schnelle Muskelentwicklung; bis in die späten 1960er Jahre waren komplizierte Splitroutinen unbekannt.

Ich wage zu behaupten, dass erst der massive Einsatz anaboler Steroide seit den frühen 70er Jahren und später die Einführung von Wachstumshormon und IGF-1 in der Kraftsportszene diese fatale Entwicklung ausgelöst haben. Wenn der Körper durch hohe Dosen anaboler Medikamente kaum noch Erholung benötigt, ist es natürlich möglich, sechsmal pro Woche, zweimal am Tag zu trainieren und immer noch zuzulegen. Ein normaler Kraftsportler oder Bodybuilder, der ohne massive pharmakologische Unterstützung die Trainingspläne heutiger Champions übernimmt, ist dagegen zum Scheitern verurteilt.

Dabei braucht es gar keine Anabolika, um eine maximale Muskelentwicklung zu erreichen. Die korrekte Auswahl an Übungen, ein sinnvoller, synergistischer Trainingsplan und der Einsatz moderner Sporternährung mit ihrer Vielzahl an effektiven, aber legalen und vielfach gesunden Supplements ermöglichen dramatische Fortschritte beim Muskelaufbau. Und dafür muss noch nicht einmal viel Zeit aufgewendet werden. Wer drei- bis viermal pro Woche 30-40 Minuten für das Training erübrigen kann, der darf einen rasanten Muskelzuwachs in kürzester Zeit erwarten. Wer nur zweimal pro Woche Zeit für das Training findet, bei dem geht es zwar etwas langsamer, aber auch ein derart kurzes Training bringt einen deutlichen Zuwachs an Muskulatur.

Das Konzept des synergistischen Trainings beruht auf den grundlegenden Erkenntnissen der großen alten Männer des Kraftsports. Zusätzlich wird die

– bei allen Menschen gleiche – Funktion der verschiedenen Muskeln des Körpers berücksichtigt. Daraus ergibt sich ein Trainingskonzept, das auf schwere Grundübungen setzt, die richtige Kombination der Übungen und auf sehr viel Erholung, damit die Muskeln wachsen können. Für Sie bedeutet das: Kurze, harte Trainingseinheiten wenige Male pro Woche und damit ein optimaler, weil kurzer Zeiteinsatz für einen raschen Muskelaufbau.

Synergistisches Training

Der Begriff »synergistisch« geht auf das griechische Wort »synergia« zurück, was »Mitarbeit« bedeutet. Synergistisches Training heißt, möglichst viele Muskeln an den Übungen zu beteiligen und darüber hinaus die durch vorherige Mitarbeit bereits erschöpften Muskeln mit nur wenigen weiteren Sätzen optimal zu trainieren.

Ein synergistisches Training kommt der Natur des Menschen, d.h. seiner Anatomie, viel näher, als es das umfangreichste Split-Training mit vielen Isolationsübungen jemals könnte. Einfach deshalb, weil der menschliche Körper so angelegt ist, möglichst effektiv Kraft zu entfalten. Jede Bewegung, die Sie ausführen, egal ob Sie einen Bleistift greifen oder eine schwere Kiste heben, bezieht immer mehrere Muskeln mit ein, nicht nur einen. Nur so kann Kraft am effektivsten ausgeübt werden. Dabei entfaltet ein Muskel den Großteil der Kraft, ein oder mehrere andere Muskeln unterstützen ihn dabei und weitere Muskeln stabilisieren die Bewegung.

Wenn aber an einer Bewegung stets mehrere Muskeln beteiligt sind, warum wird diesem Umstand beim Training nicht Rechnung getragen? Beim Bankdrücken wird eben nicht nur die Brustmuskulatur trainiert. Als Synergisten unterstützen die vorderen Schultern und die Trizepse kräftig; die Unterarme stabilisieren die Bewegung. Somit ist auch für diese Muskeln ein direkter Trainingseffekt vorhanden. Und da der Trainingseffekt, also die Wirkung auf das Muskelwachstum, vom bewegten Gewicht abhängt, ist schweres Langhantel-Bankdrücken (neben Dips) nicht nur die beste Übung für die Entwicklung der Brustmuskulatur, sondern auch die effektivste Übung für die vorderen

Schultern und die Trizepse. Schließlich können Sie beim Bankdrücken viel mehr Gewicht bewältigen, als beim Drücken über Kopf (Frontdrücken, d.h. die Langhantel wird vor dem Kopf hochgeführt). Nicht nur, dass Sie so mit einer Übung drei Muskelgruppen gleichzeitig trainieren; es geschieht auch effektiver, als es mit einer einzelnen Übung für jede dieser Muskelgruppen möglich wäre.

Viele Bodybuilder sehen Dips, das Ablassen des Körpers aus dem Barrenstütz, gefolgt vom Wieder-Hochdrücken, sogar noch vor dem Bankdrücken, was die Effektivität für den Aufbau von Brust, Trizepsen und Schultern angeht. Schließlich müssen hier noch mehr Muskeln mitarbeiten, die den Körper bei der Bewegung stabilisieren, als wenn man beim Bankdrücken auf der Bank liegt. Solange man beim Bankdrücken nicht deutlich mehr als das Körpergewicht bewältigt, kann man dieser Einschätzung auch zustimmen. Und Dips lassen sich auch mit Zusatzgewicht trainieren, indem ein Gewichtgürtel angelegt wird. Damit rücken die Dips wieder an die Effektivität von schwerem Bankdrücken heran. Am besten trainiert also man beide Übungen regelmäßig.

Im nächsten Kapitel werden die besten Bodybuilding-Übungen vorgestellt, die jeweils möglichst viele Muskeln einbeziehen. Dabei werden immer die effektivsten Übungen für eine Körperpartie zuerst aufgeführt, die am wenigsten effektiven zuletzt. Danach folgen hocheffektive Trainingspläne, die auf den zuvor dargelegten Prinzipien beruhen. Dabei steht die sinnvolle Kombination der Übungen im Vordergrund: So braucht z. B. ein durch vorausgegangenes Brusttraining erschöpfter Trizeps nur noch ein bis zwei Sätze spezieller Trizepsübungen, um gleichfalls maximal trainiert zu werden. Ebenso kann das Rückentraining für eine optimale Bizepsentwicklung eingesetzt werden, oder bestimmte Rückenübungen für die gleichzeitige Entwicklung der Schultermuskulatur. Dies ist das Besondere am synergistischen Training:

- So viele Muskeln wie möglich werden mit wenigen Übungen trainiert,
- deshalb wird ein optimaler Trainingsreiz gesetzt – trotz weniger Sätze,
- dadurch ist weniger Zeitaufwand für das Training nötig,
- dafür mehr Zeit für die Erholung gegeben,

- so kommt es zum weitgehenden Ausschluss von Übertraining,
- das führt zu einem schnellen, kontinuierlichen Muskelaufbau.

Die Trainingseinheiten sind jeweils sehr kurz gehalten, je nach Leistungsstand sollten sie etwa 30-40 Minuten in Anspruch nehmen. Da Sie nur sehr kurz trainieren, können Sie den Übungen Ihre volle Aufmerksamkeit widmen. Opfern Sie deshalb die korrekte Ausführung einer Übung nicht für mehr Gewicht. Bemühen Sie sich vielmehr, alle Übungen langsam und so sauber wie möglich, über den vollen Bewegungsspielraum auszuführen. Trainieren Sie kurz, hart und intensiv.

Das ist der aktive Teil, den Sie zum Muskelwachstum beisteuern müssen. Der andere ist sehr viel angenehmer: Weitestgehende Erholung, ausreichend Schlaf und eine ausgewogene Ernährung sorgen dafür, dass Ihr Körper sich der Belastung anpassen kann. Vergessen Sie eines niemals: Muskeln wachsen nicht beim Training, sondern in der Erholungsphase danach!

Als erfahrener Kraftsportler werden Sie sich jetzt vielleicht noch fragen: Werden wirklich alle Muskeln optimal trainiert? Wird meine Definition nicht leiden, wenn das Training so kurz ausfällt? Sie können ganz beruhigt sein: Die Grundübungen sorgen für eine rasche Entwicklung aller Muskeln des Körpers; die wenigen ergänzend trainierten, weitgehenden Isolationsübungen wechseln dagegen oft. Darüber hinaus wird häufig der Griff oder die Haltung gewechselt, so dass jede Muskelgruppe aus verschiedenen Winkeln trainiert wird. Somit ergibt sich bereits eine optimale und gleichmäßige Entwicklung. Zudem werden auch individuelle Probleme bei der Muskelentwicklung berücksichtigt. Beinahe jeder Bodybuilder hat ein oder zwei problematische Muskelgruppen; dem einen wachsen vielleicht die Arme nicht schnell genug, bei dem anderen hinkt möglicherweise die Entwicklung der Schultern hinterher.

In den meisten Fällen lösen sich diese Probleme von selbst, sobald auf ein synergistisches Training mit weniger Sätzen und mehr Erholungszeit umgestellt wird. Meist handelt es sich eben nicht um einen »genetisch« bedingten Nachteil bei der Muskelentwicklung, sondern einfach um partielles Übertraining, das bestimmte Muskelgruppen am Wachstum hindert. Wem die Problemgruppen mit den Standard-Programmen des synergistischen Muskeltrainings immer noch nicht schnell genug reagieren, der findet im vorliegenden Buch auch Spezial-Trainingspläne, welche die häufigsten Problemmuskeln wie Bizeps, Trizeps und Schultern schneller entwickeln.

Falls Sie sich um Definition und Körperfettanteil sorgen, auch dafür gibt es eine einfache Lösung. Aber die lautet nicht »mehr Muskeltraining«. Wir haben bereits festgestellt, dass weniger häufiges, aber härteres Training bessere Erfolge beim Muskelaufbau bringt. Selbst wenn Sie gern mit Hanteln arbeiten, warum wollen Sie Ihren Muskelaufbau gefährden, indem Sie mehr trainieren als nötig, nur um den Körperfettanteil gering zu halten? Ein leichtes aerobes Training ist dafür viel besser geeignet, zudem beansprucht es Ihre Erholung vom Muskeltraining nur wenig. Begeben Sie sich ein- bis zweimal pro Woche auf das Fahrradergometer oder betreiben Sie etwas schnelles Gehen (»Powerwalking«) und der Körperfettanteil sollte schon bald kein Problem mehr darstellen. Wer noch schneller Erfolge in Form deutlich hervortretender Bauchmuskeln sehen möchte, der kann auch seine Ernährung überprüfen und eventuell eine Diät beginnen.

Doch zu viel oder zu anstrengendes aerobes Training gefährdet den Muskelaufbau. Dr. Frederick Hatfield, legendärer US-Sportarzt und Kraftsportler, hatte schon in den 1980er Jahren festgelegt, dass mehr als eine Stunde aerobes Training pro Woche dazu führt, dass der Körper Muskulatur wieder abbaut, da die Bewegung einer großen Masse einfach eine Menge Energie erfordert. Dieser Grundsatz gilt auch heute noch. Übertreiben Sie es also nicht mit dem Cardio-Training, wenn Ihnen eher am Aufbau von Muskulatur gelegen ist.

Variation im Training

Eine Änderung der Trainingsroutine erfolgt in der Regel durch einen Wechsel des Trainingsplans. Mit anderen Übungen oder einem anderen Ablauf der gewohnten Übungen wird der Körper gezwungen, sich an neue Bedingungen anzupassen. Dadurch wird wieder ein verstärktes Muskelwachstum ausgelöst.

Die Vorgehensweise wird im 3. Kapitel »Die Trainingsprogramme« erklärt.

Eine einfachere Variation, ohne Umstellung des Trainingsprogramms, kann aber jederzeit im laufenden Trainingsplan erfolgen: eine Änderung der Wiederholungszahl. Für eine kontinuierliche Überlastung haben wir zuvor 8-12 Wiederholungen empfohlen. Das ist ein guter Mittelwert für den schnellen Muskelaufbau, der zu hohe Gewichte und die häufig damit einhergehenden Verletzungen vermeidet. Es spricht aber nichts dagegen, von Zeit zu Zeit eine Übung mit mehr Wiederholungen auszuführen. Damit wird nicht nur die Bildung neuer Blutgefäße gefördert, es trägt auch zum Muskelwachstum bei.

Durch Wiederholungszahlen von 12-20 pro Satz werden nämlich bevorzugt die sog. langsam zuckenden Muskelfasern angesprochen, die beim herkömmlichen Krafttraining weniger belastet werden. Denn dabei werden verstärkt die sog. schnell zuckenden Muskelfasern trainiert.

Die schnell zuckenden Muskelfasern werden vom Körper für solche Anstrengungen eingesetzt, die hoch ausfallen und nicht sehr lange dauern, wie es beim klassischen Krafttraining der Fall ist. Sie können kurzfristig eine enorme Kraft entfalten, aber nicht für lange Zeit. Die langsam zuckenden Muskelfasern dagegen werden bevorzugt für länger dauernde Belastungen genutzt, wie sie im Ausdauersport üblich sind.

Die mit höheren Wiederholungszahlen, bzw. längerer Belastung trainierten, langsam zuckenden Muskelfasern tragen aber – wenn auch in geringerem Maße – ebenfalls zum Umfang eines Muskels bei. Wenn also ein Satz Bankdrücken auch einmal mit einer Wiederholungszahl von mehr als 12, bis hin zu 20 Wiederholungen, ausgeführt wird, ist das für das Muskelwachstum also nicht kontraproduktiv. Auch ein Satz leichter Kniebeugen, von Zeit zu Zeit in korrekter, langsamer Ausführung mit 15-20 Wiederholungen trainiert, fordert die Muskeln auf ungewohnte Weise und regt so neues Muskelwachstum an. Das äußert sich dann in einem spürbaren Muskelkater.

Da bei höheren Wiederholungszahlen das Gewicht reduziert werden muss, wird die Erholungskapazität aber nicht so stark in Anspruch genommen, wie bei einem Satz mit schwerem Gewicht und geringeren Wiederholungszahlen. Der Körper wird durch die länger dauernde Belastung zudem gezwungen, die Blutversorgung der trainierten Muskulatur zu verbessern: Er bildet neue Blutgefäße. Die bessere Blutversorgung kommt dann auch den schnell zuckenden Muskelfasern zugute, die jetzt – bei einer besseren Versorgung mit Sauerstoff und Nährstoffen – höhere Leistungen erbringen können.

Es spricht also nichts dagegen, an jedem zweiten oder dritten Trainingstag einige Sätze mit höheren Wiederholungszahlen auszuführen. Diese kleine Variation des Ablaufs bringt Abwechslung in das Training, schont die Erholungskapazität und bereitet die Muskeln sehr gut auf höhere Gewichte in den kommenden Trainingseinheiten vor.

Einige Worte zum Aufwärmen vor dem Training

Bevor nun auf die Übungen näher eingegangen wird, noch ein Hinweis zum Aufwärmen vor dem Training. Es war schon immer eine gute Idee, sich vor einer Trainingseinheit »warm zu machen« und so Verletzungen vorzubeugen. Fast jede gymnastische Übung eignet sich für ein allgemeines Aufwärmen; am besten aber vielleicht...

- Nackenrollen zur Dehnung der Halsmuskulatur
- Armkreisen vorwärts und rückwärts zur Lockerung der Schultergelenke
- Rumpfdrehen und Seitbeugen ohne Gewicht für die Muskeln an Bauch und Rücken
- Armbeugen mit Bizepskontraktion ohne Gewicht, gefolgt von Armstrecken ohne Gewicht mit Trizepskontraktion für die Ellbogengelenke
- sowie ein Satz Kniebeugen mit mindestens 20 Wiederholungen ohne Gewicht für die Kniegelenke, und um den Kreislauf anzuregen.

Eine Minute von jeder dieser Übungen, also insgesamt fünf Minuten Aufwärmen reichen aus, um den Körper auf das bevorstehende Training einzustimmen. Fitnessgeräte wie Fahrradergometer, Stepper oder Rudermaschinen sollten zum Aufwärmen vor dem Muskeltraining allerdings nicht eingesetzt werden. Sie rauben Ihnen einen Teil der Kraft, die Sie an den Gewichten effektiver einsetzen.

Ein spezifisches Aufwärmen für die einzelnen Körperteile kann vor dem ersten Arbeitssatz einer Übung erfolgen, allerdings nicht mit hohem Gewicht. Wählen Sie ein leichtes Gewicht und gehen Sie dabei nicht bis zur Erschöpfung. Der Aufwärmsatz soll die schwere Bewegung vorbereiten, sie aber nicht vorwegnehmen. Nutzen Sie den vollen Bewegungsspielraum und stellen Sie sich dabei vor, sie würden mit schwerem Gewicht trainieren. So stellen Sie sich schnell auf eine Übung ein und der Aufwärmsatz bereitet nicht nur die Muskeln auf die kommende Anstrengung vor, sondern fördert auch die Konzentration auf die Sache.

Es geht aber auch anders: Erfahrene Kraftsportler haben nicht nur schon viele Jahre trainiert, sie haben die meisten Übungen auch schon sehr oft ausgeführt. Sie verlassen sich häufig auf ihr »Muskelgedächtnis« und gehen manchmal dazu über, den ersten Satz einer Übung gleich »schwer« zu trainieren. Sie sparen sich also den üblichen Aufwärmsatz. Das beruht auf der Überlegung, dass der Aufwärmsatz ja auch bereits Kraft erfordert, die dann beim Arbeitssatz und maximaler Anstrengung fehlt. Das ist nicht falsch, aber es erfordert einige Erfahrung und eine bestimmte Vorgehensweise, um sich keine Verletzung einzuhandeln. Folgendes muss beim Training ohne Aufwärmsatz für jede Übung gewährleistet sein:

- eine längere Trainingserfahrung, ausgeprägte Muskulatur und Kraft,
- ein gründliches generelles Aufwärmen vor Trainingsbeginn,
- eine langsame und sehr kontrollierte Übungsausführung,
- ein Gewicht, mit dem 8-12 Wiederholungen angestrebt werden.

Sind diese Voraussetzungen gegeben, dann kann man dazu übergehen, ohne spezielle Aufwärmsätze zu trainieren. Zu Beginn sollte aber ein Trainingspartner zu Seite stehen, der die Bewegung überwacht und zur Not helfend eingreifen kann. Der Vorteil dieser Methode liegt darin, dass sie wirklich erlaubt, beim Arbeitssatz vielleicht eine Wiederholung mehr zu schaffen und den Muskel so etwas stärker zu erschöpfen (und zu trainieren). Andererseits kann man auch argumentieren, dass jede kontrolliert ausgeführte Wiederholung den Muskel trainiert und die Belastung im Arbeitssatz durch die Vorerschöpfung des Aufwärmsatzes auch nicht geringer ausfällt, selbst wenn vielleicht eine Wiederholung weniger ausgeführt wird.

Dem erfahrenen Kraftsportler bringt diese Methode also zumindest eine Abwechslung von der gewohnten Routine, wenn er bei einigen Übungen oder Trainingseinheiten so vorgeht. Vielleicht entschließt sich auch der eine oder andere Leser, in Zukunft ganz auf Aufwärmsätze zu verzichten. Eines muss aber klar geworden sein: Diese Methode eignet sich allein für das Bodybuilding-Training mit einem kontrollierbaren Gewicht – keinesfalls aber für die reinen Kraftdisziplinen und Gewichte, die nur wenige Wiederholungen zulassen oder gar Maximalkraftversuche. Hier ist ohne spezielle Aufwärmsätze die Gefahr des Versagens bei der Übungsausführung und einer Verletzung einfach zu hoch!

Ist ein Abwärmen erforderlich?

Manche Kraftsportler schwören darauf, eine Trainingseinheit »aktiv« ausklingen zu lassen. Das sog. Abwärmen nach dem Training soll helfen, die in den Muskeln angesammelte Milchsäure schneller abzubauen und die Erholungsphase einzuleiten. Häufig werden Dehnübungen dafür gewählt. Die zugrunde liegenden Überlegungen sind, die durch die Kontraktion im Training »verkürzten« Muskeln wieder zu »verlängern«, die Durchblutung zu fördern und den Nährstofftransport in die Muskeln zu beschleunigen.

Doch ist das beim synergistischen Muskeltraining wirklich nötig? Eigentlich nicht – denn es wurde ja mit größtmöglichem Bewegungsumfang trainiert! Jede Wiederholung hat mit der vollen Dehnung der Zielmuskulatur begonnen und wurde mit der optimalen Kontraktion beendet. Da die Dehnung häufig sogar mit Gewicht erfolgt ist (beim Hängen an der Klimmzugstange, Ablassen des Gewichts auf volle Armlänge beim vorgebeugten Rudern oder beim Hochlassen des Gewichts beim Latziehen oder Trizepsdrücken, usw.), ist sie bereits sehr effektiv gewesen. Und eine bessere Durchblutung als in einem mit schwerem Gewicht trainierten Muskel wird sich wohl kaum erzielen lassen – den »Pump« im Bizeps nach Klimmzügen mit Untergriff oder die aufgepumpten Oberschenkel nach der Kniebeuge kennt jeder von uns.

Wenn Sie das Muskeltraining also nicht für den Kampfsport betreiben – hier sind z.B. für hohe Kicks andere Dehnbewegungen erforderlich – können Sie sich das Abwärmen durch Dehnübungen getrost sparen. Wer es nicht glauben will, der kann als muskulöser Bodybuilder ja einmal einen Yoga-Kurs besuchen und die Teilnehmer dort mit seiner Gelenkigkeit verblüffen.

*

KAPITEL 2

DIE ÜBUNGEN

Neue Perspektiven

Selbst wer meint, schon alle Übungen zu kennen, sollte diesen Teil nicht übergehen. Im Gegensatz zu vielen anderen Büchern zum Thema Muskeltraining werden nicht nur die effektivsten Übungen für jede Körperpartie aufgeführt, es wird vielmehr ihre Eignung für den Muskelaufbau untersucht. Sie werden feststellen, dass eine vermeintliche Rückenübung die Bizepse besser trainiert, als herkömmliche Curlbewegungen. Und so manche Übung, die Sie bislang für sehr wichtig gehalten haben, wird sich als ziemlich ineffektiv entpuppen; so z.B. die beliebten weiten Klimmzüge zum Nacken.

Darüber hinaus lässt sich durch eine sehr korrekte Ausführung der Bewegungen noch mehr aus jeder Übung herausholen. Dabei kommt es häufig auf den Griff an (Griffweite, Ober- oder Untergriff), auf die Armdrehung zw. Handstellung bei den Bizepscurls, die Armhaltung beim Trizepsdrücken oder die Haltung des Oberkörpers bei den Ruderübungen. Auf diese »Feinheiten«, die professionelle Bodybuilder nach jahrelangem Training herausgefunden haben, sollten Sie für den optimalen Muskelaufbau nicht verzichten.

Die Übungen für jede Muskelgruppe sind jeweils nach ihrer Effektivität gruppiert. Die besten Übungen stehen oben; jene Übungen, die am wenigsten bringen, weiter unten in der Liste.

Für die Brust z.B. sind vorgebeugte Dips mit ausgestellten Ellbogen die Übung, die das meiste bringt. Sie steht noch vor dem Bankdrücken, weil die

Brustmuskulatur damit optimal trainiert wird, ebenso die Schultern und Trizepse, aber auch die Muskeln des oberen Rückens und der Latissimus unterstützend eingreifen, während Bauch, unterer Rücken und die Unterarme stabilisieren. Mit Dips wird tatsächlich der gesamte Oberkörper trainiert. Die im Fitness-Studio häufig trainierten Fliegenden Bewegungen tragen dagegen zur Entwicklung der Brustmuskulatur kaum bei, da sie nur wenig Gewicht erlauben. Deshalb stehen sie am Ende der Liste der effektivsten Brustübungen.

Entsprechend sollten Sie für Ihr Training jene Übungen bevorzugt auswählen, die oben auf der Liste stehen, wenn Sie ihre Trainingszeit so gut wie möglich nutzen möchten. Bei den im Anschluss an den Übungsteil folgenden Trainingsplänen wurde dem Rechnung getragen.

Sie werden bestimmt einige Übungen vermissen; so wurde z.B. auf die Vorstellung von Sit-Ups für die Bauchmuskeln bewusst verzichtet. Auch wenn Sit-Ups in vielen Fitness-Studios immer noch als Standardübung zur Entwicklung einer schlanken Taille und definierten Bauchmuskeln gelten, lassen Sie sich überzeugen, das es nicht so ist: Die Funktion der Bauchmuskeln besteht nämlich darin, bei der Kontraktion den Oberkörper in Richtung des Beckens zu ziehen, bzw. umgekehrt, das Becken in Richtung der Brust. Dieser Funktion wird man nicht gerecht, wenn die Füße unter ein Polster gestellt werden und damit der gesamte Beckenbereich fixiert, egal wie steil das Bauchbrett steht oder wie oft der Oberkörper angehoben wird.

Denn dabei arbeiten die Bauchmuskeln höchstens unterstützend, die Hauptlast liegt auf den (unsichtbaren) Hüftgelenksflexoren. Niemand behauptet, dass sich mit Sit-Ups die Bauchmuskeln nicht trainieren lassen, aber mit Übungen wie Beinheben oder Bauchpressen (engl. Crunch) geschieht das viel effektiver.

Der eine oder andere wird vielleicht Übungen für die Unterarme vermissen. Und obwohl im Abschnitt über das Beintraining auch Übungen für die Waden behandelt werden, so finden diese später nicht in jedem Trainingsplan Anwendung. Das ergibt durchaus Sinn: Die Unterarme werden bei fast allen Übungen ausreichend beansprucht. Vor allem, wenn mit hohem Gewicht trainiert wird, müssen die Unterarme entweder stabilisierend eingreifen (bei allen Drückübungen), oder sie sind bei allen Zugübungen unterstützend an der Bewegung beteiligt. Ein gesondertes Training für die Unterarme ist deshalb nicht notwendig. Ähnliches gilt für die Waden: Auch sie werden bei Kniebeugen und Kreuzheben schon stark beansprucht. Wer beide Übungen mit hohem Gewicht trainiert, braucht sich um seine Wadenentwicklung nicht zu sorgen.

Im Folgenden werden Tabellen zur Effektivität verschiedener Übungen für den Muskelaufbau einer Körperpartie präsentiert. Dazu ist anzumerken, dass die Einschätzung der wirksamen Faktoren »Dehnung und Kontraktion« der Zielmuskeln, das »mögliche Gewicht« und der »Einsatz von Synergisten« (die Mitwirkung anderer Muskeln, welche die Bewegung unterstützen) zur besseren Übersicht nur relativ grob mit »schwach« (+), »mittel« (++) oder »hoch« (+++) erfolgen kann.

Bei den Rückenübungen wird mancher Kraftsportler das Kreuzheben wohl eher als Übung für die Beine betrachten. Das ist nicht unbedingt falsch, doch sind so viele Muskeln an der Bewegung beteiligt, dass sehr viel Gewicht bewegt werden kann und die Trainingswirkung für den Rücken und den ganzen Körper enorm hoch ausfällt.

Bei den Brustübungen kann ein gut trainierter Bankdrücker bei dieser Übung sicher mehr Gewicht bewegen, als es ihm beim Dip (mit Körpergewicht und Zusatzgewicht) möglich wäre. Doch die meisten Bodybuilder werden wohl kaum in diese Hochleistungsbereiche vorstoßen, so dass bei der Effektivität für den Muskelaufbau der Dip vor dem Langhantelbankdrücken rangiert.

Auch die Wertung anderer Übungen wird manchmal eher subjektiv erscheinen, doch zur schnellen Übersicht über die effektivsten Übungen für den Muskelaufbau leisten die Tabellen trotzdem ihren Dienst. Wählen Sie also bevorzugt solche Übungen für Ihr Training, die in der Wertung zwischen 9 (am besten) und 6 Punkten (noch gut) liegen. Die dahinter folgenden Übungen sollten weniger häufig trainiert werden und eher als Ergänzung gesehen werden.

Die Übungen für die verschiedenen Muskelgruppen des Körpers werden in dieser Reihenfolge erklärt:

- Rücken
- Brust
- Schultern
- Bizeps
- Trizeps
- Bauch
- Beine

Die Muskeln des Rückens

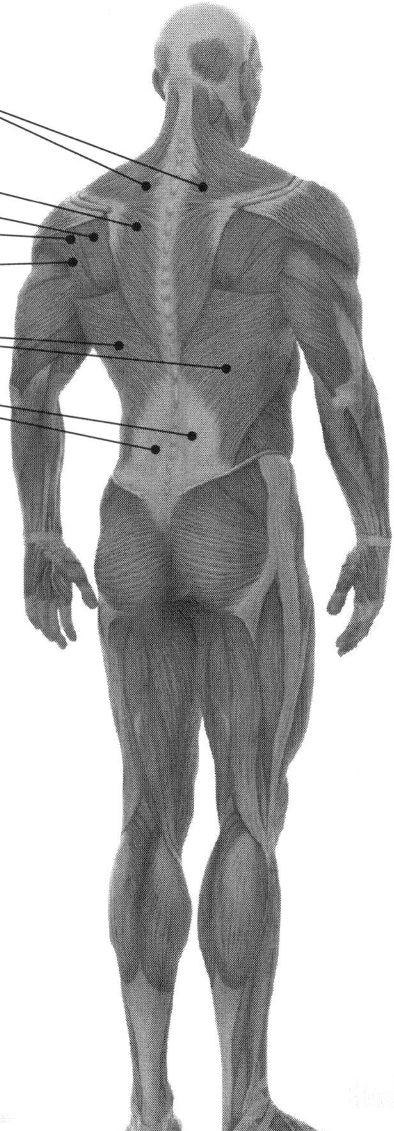

Oberer Rücken

- **M. trapezius**
- **M. rhomboideus** Der Trapezmuskel und die beiden Rautenmuskeln ziehen das Schulterblatt zur Wirbelsäule zurück.
- **M. infraspinatus**
- **M. teres minor**
- **M. teres major** Der Untergrätenmuskel sowie der kleine und große Rundmuskel ziehen den Arm in Richtung Schulterblatt.

Mittlerer Rücken

- **M. latissimus dorsi** Der breite Rückenmuskel zieht den Arm nach hinten zur Wirbelsäule.

Unterer Rücken

- **M. erektor spinae** Die Rückenstrecker stützen die Wirbelsäule links und rechts, ziehen den Oberkörper nach hinten.

Übungen für den Rücken

Die Muskeln des Rückens bilden die größte zusammenhängende Muskelgruppe des Körpers. Entsprechend viele Übungen können für ihr Training eingesetzt werden. Das größte Potenzial für die Muskelentwicklung haben allerdings die schweren Zugübungen und Ruderübungen, wobei im Hinblick auf die Effektivität hier das Training mit der Langhantel dem Klimmzug nicht ganz gleichgesetzt werden kann. Denn der Klimmzug erlaubt (jedenfalls in den Varianten mit Untergriff) eine bessere Dehnung der Zielmuskulatur und damit eine bessere Kontraktion. Das bedeutet, die Belastung geht von der vollen Streckung bis zur vollen Kontraktion des Latissimus; darüber hinaus werden viele weitere Muskeln stark gefordert.

Ebenso wie die Kniebeuge wird leider auch der Klimmzug von vielen Kraftsportlern vernachlässigt. Dabei muss man sich vor Augen halten, dass gerade diese Übung mit ihren Variationen als eine der besten für alle Muskeln des Rückens gelten kann. Der Klimmzug trainiert nicht nur den Latissimus, sondern auch den Trapez und die kleinen Muskeln des oberen Rückens, die Sägemuskeln an der Vorderseite des Latissimus und nicht zuletzt den Bizeps und die Muskeln der vorderen, seitlichen und hinteren Schulterregion.

Besonders wichtig bei allen Zugübungen, also Klimmzügen, Latziehen ebenso wie den Ruderübungen, ist die Lenkung der Übungswirkung auf die Rückenmuskulatur. Das bedeutet, die Bewegung beginnt nicht mit der Beugung der Arme im Ellbogengelenk, sondern mit den Schultern: Diese werden nach innen und unten gezogen, bevor die Armbewegung beginnt. Auf diese Weise »fühlt« man den Latissimus viel besser und der Muskel kann optimal kontrahieren.

Im Hinblick auf die größtmögliche Muskelentwicklung im Rückenbereich und das beste Potenzial für die Entwicklung des ganzen Körpers muss aber dem Kreuzheben der erste Platz in der Liste der effektivsten Übungen eingeräumt werden. Hier helfen die kräftigen Muskeln des Gesäßes und der Beine, das höchste Gewicht von allen Rückenübungen zu bewältigen. Bodybuilder, die auf Kreuzheben verzichten, vergessen offensichtlich, dass alle großen Kraftsportstars ihre Rückenentwicklung schwerem Kreuzheben zu verdan-

Effektivität der Übungen für den Rücken

Übung	Dehnung & Kontraktion	mögliches Gewicht	Einsatz von Synergisten	Wertung
• Kreuzheben				
- mit der Langhantel	++	+++	+++	8
- mit Kurzhanteln	++	+	+++	6
• Klimmzug				
- mit Parallelgriff *	+++	++	++	8
- mit schulterweitem Untergriff **	++	++	+++	8
- zum Nacken mit weitem Obergriff ***	+	++	+	4
• Rudern				
- vorgebeugt mit Langhantel im Untergriff	++	++	+++	7
- vorgebeugt mit Langhantel im Obergriff	++	++	++	6
- vorgebeugt mit der T-Bar	+	++	++	5
- sitzend am Kabel mit Parallelgriff	+++	++	++	7
- sitzend am Kabel mit schulterweitem Untergriff	+++	++	+++	8
• Latziehen				
- zur Brust mit Parallelgriff	+++	++	++	7
- zur Brust mit schulterweitem Untergriff	++	++	+++	7
- zum Nacken mit weitem Obergriff	+	++	+	4

* Am besten für die Breite des Latissimus; der lange (äußere) Kopf des Bizeps unterstützt voll, der vordere (innere) Kopf weniger stark

** Sehr gut für den Rücken und am besten für die Bizepse; beide Köpfe des Bizeps unterstützen optimal

*** In den Studios am häufigsten trainiert, doch die Kontraktion der Rückenmuskulatur ist eingeschränkt und die Bizepse können kaum mithelfen, daher auch nur eingeschränkte Trainingswirkung. Der weite Griff lenkt die Belastung vorwiegend auf die inneren Partien des Rückens und trägt daher nicht optimal zur Verbreiterung des Latissimus bei.

ken haben. Arnold Schwarzenegger und Franco Columbo z.B. waren eifrige Befürworter dieser Übung; beide haben auch in späteren Jahren die Bedeutung des Kreuzhebens immer wieder betont.

Da bei den Rückenübungen, besonders bei denen mit Untergriff, die Bizepse mit höherem Gewicht gefordert werden, als es bei allen reinen Bizepsübungen möglich wäre und die starken Rückenmuskeln dabei kräftig unterstützen, sind Rückenübungen auch die besten Übungen für den Bizeps. Das gleiche gilt für die hinteren und seitlichen Schultern: Die kleinen Köpfe der Deltamuskeln werden beim Rückentraining durch hohes Gewicht und Mithilfe der Rückenmuskeln stärker belastet, als es bei den reinen Schulterübungen möglich wäre.

Kreuzheben

Diese Übung trainiert den gesamten Rücken, die Quadrizepse und Beinbizepse, die Waden und das Gesäß wirklich hart; Arme, Schultern und viele andere Muskeln arbeiten unterstützend und stabilisierend mit.

Nehmen Sie einen schulterweiten Stand vor der auf dem Boden liegenden Langhantel ein. Die Füße werden zur Hälfte unter die Stange gestellt, so dass die Fesseln einige Zentimeter Abstand von der Stange haben. Jetzt die Beine leicht anwinkeln, mit gerade gehaltenem Rücken in der Hüfte vorbeugen und die Stange schulterbreit fassen; dabei berühren die Schienbeine die Stange. Am besten umfassen Sie die Stange mit schulterweitem Kreuzgriff, d.h. mit einer Hand im Ober- und der anderen im Untergriff; so haben Sie die Hantel bei schweren Gewichten besser unter Kontrolle. Der Kopf bildet die Verlängerung der Wirbelsäule – also den Kopf nicht in den Nacken legen oder das Kinn auf die Brust nehmen – und der Blick geht schräg auf den Boden. Die Arme sind voll gestreckt, am besten werden die Trizepse angespannt, so ist die Streckung garantiert.

Jetzt tief einatmen, die Bauchmuskeln anspannen und dann mit der Beinmuskulatur die Aufwärtsbewegung einleiten. Dabei wird die Stange eng an den Beinen entlang geführt. Wenn sich die Hantel etwa auf Höhe der Knie

Übungen für den Rücken – Kreuzheben

Voller Einsatz der gesamten Rückenmuskulatur, vor allem des Latissimus und der Rückenstrecker, sowie des Gesäßes, der Quadrizepse und Beinbizepse. Unterstützend arbeiten die Bizepse, die vorderen Schultern und die Waden mit.

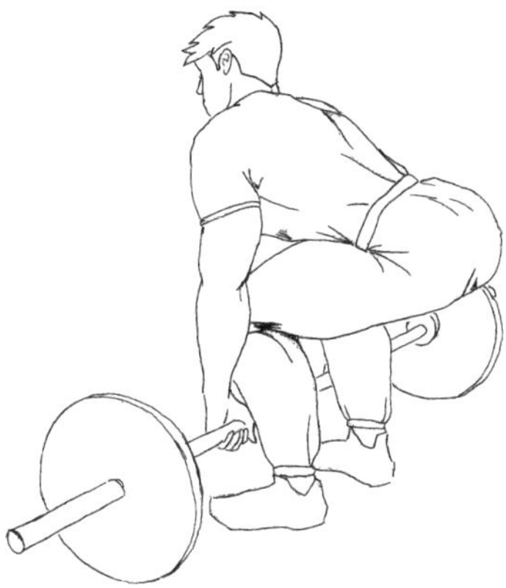

Start

- Stange mit Kreuzgriff fassen: eine Hand mit Obergriff, die andere mit Untergriff
- Arme gestreckt
- Rücken gerade
- Kopf erhoben

Ausführung

- Arme gestreckt und Rücken gerade lassen
- Gewicht anheben durch Einsatz der Beinmuskulatur
- Hantelstange eng an den Beinen entlang zur Hüfte führen

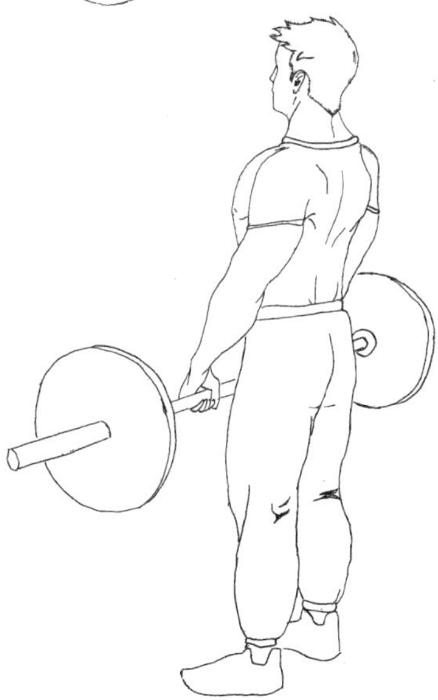

Ende

- Beine gestreckt
- Schultern zurückgenommen und gesamter Rücken fest angespannt

befindet, setzen Sie den Rücken ein; zu diesem Zeitpunkt sollten Sie auch mit der Ausatmung beginnen. Richten Sie sich auf, bis Sie gerade stehen; lassen Sie Ihre Arme die ganze Bewegung hindurch gestreckt, den Rücken möglichst gerade und führen Sie die Hantel eng an den Beinen entlang. Ist der Oberkörper ganz aufgerichtet, strecken Sie die Brust heraus und ziehen Sie die Schultern zurück. In dieser Position werden die Beine, das Gesäß und der Rücken voll angespannt, die Arme sind weiterhin voll gestreckt. Das ist die Endposition.

Beim Ablassen des Gewichts winkeln Sie die Knie an, schieben das Gesäß nach hinten und beugen gleichzeitig den Oberkörper in der Hüfte vor. Der gerade Rücken wird beibehalten, wenn das Gewicht eng an den Beinen heruntergelassen wird. Die Hantel sollte den Boden kurz berühren, aber nicht ablegt werden, bevor Sie mit der nächsten Wiederholung beginnen.

Gut trainierte Kraftdreikämpfer können Einzelwiederholungen im Kreuzheben mit 400 kg und mehr durchführen; hier wird deutlich, welches Potenzial für die Muskelentwicklung in dieser oft vernachlässigten Übung steckt.

Wenn die Langhantel mit kleinen Hantelscheiben bestückt wird (z.B. mehreren Zehn-Kilo Scheiben auf jeder Seite), kann Kreuzheben ohne Weiteres auf dem Boden ausgeführt werden. Falls größere Gewichtsscheiben benötigt werden, empfiehlt es sich, auf einem Wadenblock, bzw. auf ein oder zwei großen Hantelscheiben zu stehen. Bei erhöhtem Stand können Sie die Hantel weiter ablassen und den Rücken besser dehnen. Die Verwendung von Zughilfen ermöglicht Ihnen den Einsatz schwerer Gewichte.

Zur stärkeren Belastung der Beinbizepse können Sie Kreuzheben auch mit fast gestreckten Beinen ausführen; dafür muss aber das Gewicht deutlich reduziert werden. Deshalb eignet sich diese Variante besser für das Beintraining, wo sie noch einmal aufgeführt ist. Die Beine dürfen dabei aber nie voll durchgestreckt werden; das Verletzungsrisiko ist einfach zu groß.

Klimmzug

Der Latissimus dorsi ist der breiteste und stärkste Muskel des Oberkörpers. Ein gut entwickelter »Lat« sorgt für eindrucksvolle Weite und Masse am oberen Rücken. Vielen Bodybuildern gelingt es nicht, das Potenzial dieses mächtigen Muskels auszuschöpfen, da sie mit falschem Handabstand und Griff trainieren.

Für das Lat-Training wird häufig ein weiter Griff eingesetzt. Der große Handabstand soll mehr Dehnung und einen größeren Bewegungsspielraum für die Muskeln ermöglichen. Tatsächlich erzeugt ein weiter Griff aber weniger Dehnung für den Lat, als ein enger Griff ermöglichen würde. Außerdem verhindert der weite Griff den größtmöglichen Bewegungsspielraum; er lässt dem Oberarm im Schulterbereich weniger Rotationsfreiheit.

Alle Arten von Klimmzügen und Latziehen, die primär den Latissimus dorsi trainieren, beteiligen die Bizepse an der Arbeit. Die Bizepse sind aber viel kleiner und schwächer als der Lat; sie verhindern, dass der obere Rücken so hart wie möglich trainiert werden kann.

Der Bizeps kann am besten mitarbeiten und entfaltet die größte Kraft, wenn die Stange mit Untergriff gehalten wird. Denken Sie nur an Langhantel-Curls: Mit einem Untergriff, wenn die Unterarme auswärts gedreht werden (supinieren), kann der Bizeps viel stärker kontrahieren, als mit einem Obergriff. Dazu kommt: Ein weiter Handabstand und ein Untergriff schließen sich gegenseitig aus. Mit schulterweitem Handabstand und Untergriff lässt sich der Lat deshalb am besten trainieren; so können die Bizepse ihre Kraft sehr gut einbringen und der Lat kann härter gefordert werden. Theoretisch könnten die Bizepse mit ganz engem Handabstand noch etwas mehr Kraft entfalten, doch wird die Bewegung damit »unnatürlich« und ist unangenehm in der Ausführung. Ein schulterweiter Untergriff reicht daher völlig aus.

So können wir festhalten, dass für alle Arten von Klimmzügen gilt: Je weiter der Griff, desto stärker werden die inneren Rückenmuskeln gefordert. Je enger der Griff, desto größer die Wirkung auf die äußeren Partien des Rückens. Zusätzlich gilt es zu bedenken, dass je weiter der Griff ausfällt, desto weniger tragen die Bizepse zur Kraftentfaltung bei. Wenn Sie die Unterarme beim Klimmzug (oder Latziehen) weiter als parallel halten, werden die Muskeln des Rückens besser isoliert und Sie schaffen weniger Klimmzüge (bzw. Gewicht beim Latziehen), da die Bizepse nicht mehr effektiv mitarbeiten können. Mit parallel gehaltenen Armen dagegen können Rücken und Bizepse am besten zusammenarbeiten: So wird beim Latziehen das höchste Gewicht bewegt und beim Klimmzug gelingen mehr Wiederholungen.

Wer zunächst keinen vollständigen Klimmzug schafft, der kann sich vom Trainingspartner helfen lassen. Dafür winkelt der Trainierende die Unterschenkel an; der Partner greift unter diese und hilft bei der Aufwärtsbewegung so weit mit, dass die Bewegung vollendet werden kann. Dabei sollte die Unterstützung wirklich nur so stark ausfallen, dass die Hauptarbeit vom Trainierenden geleistet wird. Schon nach wenigen Trainingseinheiten wird so der erste Klimmzug aus eigener Kraft gelingen! Die gleiche Methode kann auch bei Dips angewendet werden, wenn die Kraft für eine vollständige Aufwärtsbewegung zu Anfang nicht ausreicht.

Klimmzug mit Parallelgriff

Der Klimmzug mit dem Parallelgriff ist die beste Klimmzugübung für den Latissimus. Mit dem engen Griff werden vor allem seine äußeren Partien maximal gefordert; allerdings können die Bizepse nicht so viel Kraft einsetzen, wie beim Untergriff (denken Sie an den Vergleich mit dem normalen Curl und einem Hammercurl).

Legen Sie den Parallelgriff über die Klimmzugstange und greifen Sie ihn mit beiden Händen. Sie sollten sich völlig entspannt herabhängen lassen, um die Rückenmuskulatur so gut wie möglich zu dehnen, bevor Sie sich mit Armen und Rücken langsam hochziehen. Legen Sie dabei den Kopf in den Nacken, bringen Sie die Brust nach oben und versuchen Sie, mit dem Solarplexus, noch besser mit dem Bauch, den Parallelgriff zu berühren. Dabei nehmen Sie automatisch ein Hohlkreuz ein und der Latissimus kontrahiert optimal. Danach bis zur vollständigen Streckung der Arme wieder ablassen, bevor Sie erneut beginnen.

Übungen für den Rücken – Klimmzug mit Parallelgriff

Eine der besten Übungen, um die Breite des Latissimus zu entwickeln. Voller Einsatz des Latissimus, vor allem der äußeren Partien, sowie der Muskeln des oberen Rückens. Unterstützend arbeiten Bizepse und hintere Schultern mit.

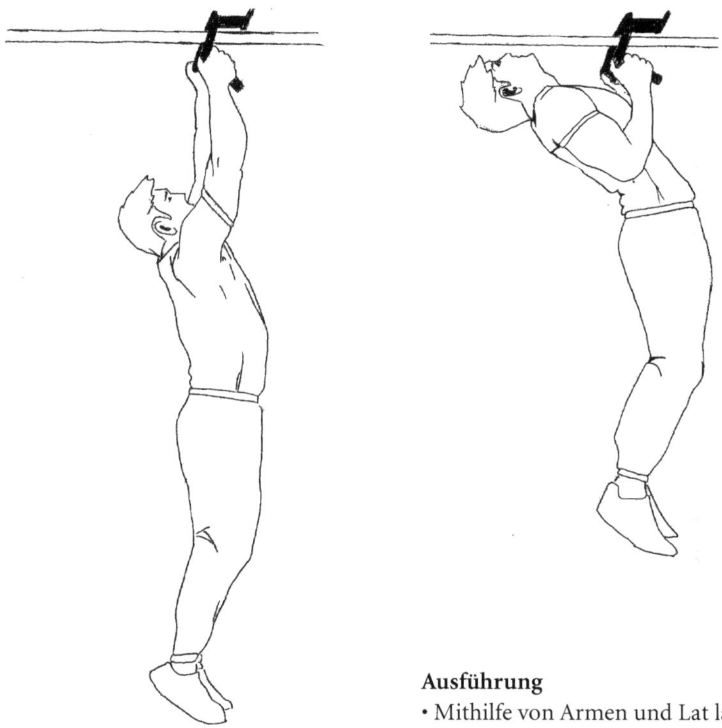

Start

- Parallelgriff über Klimmzugstange legen, mit beiden Händen greifen
- Entspannt herabhängen für volle Dehnung der Rückenmuskulatur

Ausführung

- Mithilfe von Armen und Lat langsam hochziehen
- Kopf in den Nacken, Brust hochwölben

Ende

- Mit Solarplexus, bzw. Bauch die Hände am Parallelgriff berühren, dann kontrahiert der Latissimus optimal

Klimmzug mit schulterweitem Untergriff

Eine der besten Übungen für den Rücken und die Bizepse: Bei welcher Curlbewegung können Sie sonst Ihr Körpergewicht einsetzen? Hier gelingt es, da die gesamte mittlere und obere Rückenmuskulatur sowie, zu einem kleineren Teil, auch Schulter- und Nackenmuskeln die Bizepse bei der Bewegung unterstützen. Das ermöglicht ein Bizepstraining mit Höchstgewicht. Gleichzeitig sind korrekt ausgeführte Klimmzüge eine der effektivsten Übungen für den Latissimus dorsi, den großen Rückenmuskel. Sie trainieren sozusagen »zwei auf einen Streich« und belasten beide Muskelgruppen so hart wie möglich.

Greifen Sie die Klimmzugstange mit schulterweitem Untergriff. Ziehen Sie sich mit Armen und Rücken so weit hoch, bis Ihre Schlüsselbeine die Stange berühren. Lassen Sie sich bis zur vollen Streckung der Arme wieder herab. Wenn man im oberen Teil der Bewegung den Kopf in den Nacken legt, wird eine bessere Kontraktion der Bizepse erzielt.

Klimmzug zum Nacken

Hier wird der Bewegungsspielraum noch mehr eingeschränkt. Greifen Sie die Klimmzugstange mit Obergriff etwas weiter als schulterbreit und ziehen Sie den Körper mit den Rückenmuskeln so weit hoch, bis die Stange den Nacken berührt. Lassen Sie sich nun bis zur völligen Streckung der Arme wieder herab. Sie sollten in der oberen Position der Bewegung das Kinn nicht auf die Brust nehmen, sondern den Kopf aufrecht halten.

Übungen für den Rücken – Klimmzug mit schulterweitem Untergriff

Beste Übung für den Bizeps: Voller Einsatz der Bizepse und der Muskeln des oberen Rückens. Der Latissimus unterstützt kräftig, ebenso wie die hinteren Schultern.

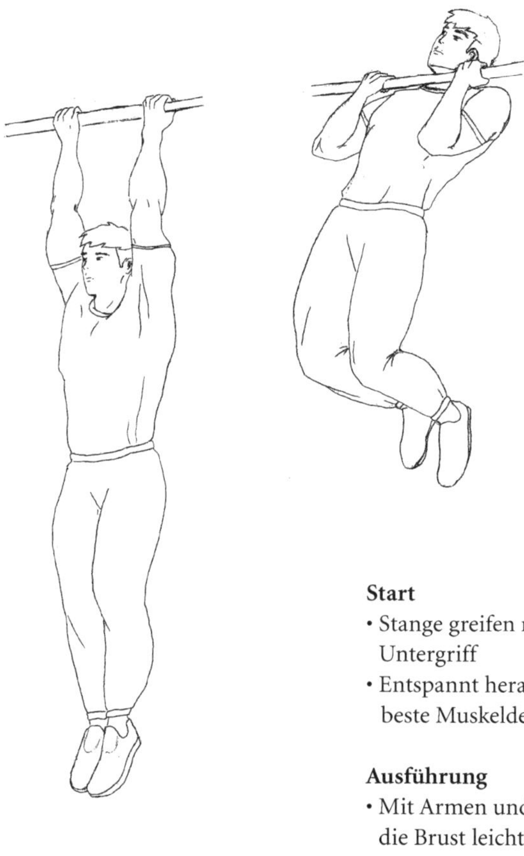

Start
- Stange greifen mit schulterweitem Untergriff
- Entspannt herabhängen lassen für beste Muskeldehnung

Ausführung
- Mit Armen und Lat hochziehen, dabei die Brust leicht emporwölben

Ende
- Schlüsselbeine berühren die Stange
- Lat und Bizeps kurz fest anspannen

Übungen für den Rücken – Klimmzug weit zum Nacken

Trainiert vor allem die inneren Partien des Latissimus. Eingeschränkter Bewegungsspielraum; weitgehender Einsatz der oberen Rückenmuskulatur (Trapezmuskel und kleinere Muskeln). Die seitliche und hintere Schultermuskulatur und, eingeschränkt, die Bizepse, werden ebenfalls gefordert.

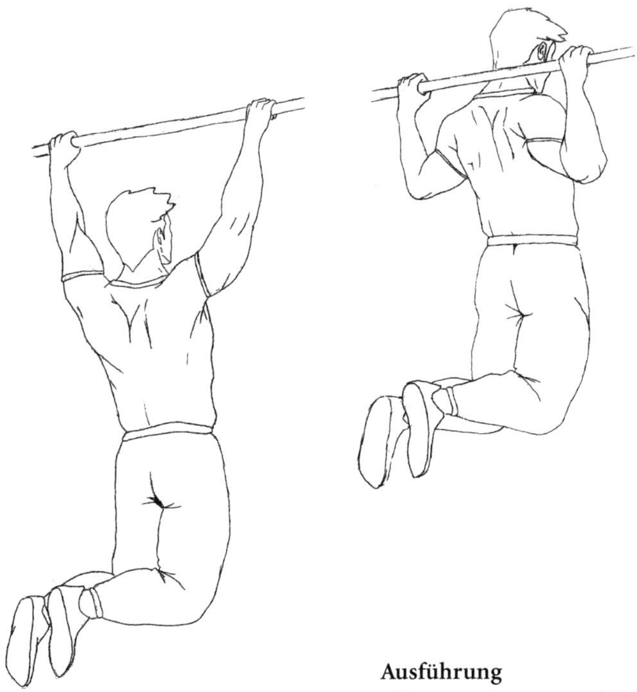

Start

- Stange mit Obergriff etwas weiter als schulterbreit greifen
- Entspannt herabhängen lassen für gute Muskeldehnung

Ausführung

- Körper mit Arm- und Rückenmuskeln hochziehen

Ende

- Kopf leicht gesenkt, der Nacken berührt die Stange
- Latissimus kurz fest anspannen

Rudern vorgebeugt

Statt mit der klassischen T-Bar kann das vorgebeugte Rudern auch mit einer Langhantel oder mit zwei Kurzhanteln ausgeführt werden. Die beste Variante ist die mit der Langhantel, weil sie bequemer auszuführen ist als an der T-Bar mit ihrer durch die verankerte Stange geführten Bewegung und mehr Gewicht erlaubt, als die Ausführung mit Kurzhanteln. Mit der Langhantel ist die Ausführung mit Ober- oder Untergriff möglich. In der Regel wird beim Obergriff eine etwas weitere Griffhaltung gewählt (denken Sie an die Klimmzüge mit diesem Griff), beim Untergriff dagegen ein schulterweiter Griff. Beim Obergriff werden eher die oberen und die mittleren Partien des Latissimus gefordert, beim Untergriff mehr die unteren Partien.

Das vorgebeugte Rudern trainiert vor allem den oberen Rücken und den Latissimus. Gleichzeitig werden beim Langhantelrudern mit Untergriff die Bizepse sehr stark gefordert. Ebenso wie beim Klimmzug mit diesem Griff können die Arme voll gestreckt werden, was für den Bizeps eine optimale Dehnung und anschließend eine gute Kontraktion erlaubt. Darüber hinaus ist gerade der Beginn der Aufwärtsbewegung der effektivste Teil der Übung, weil hier die größte Kraft aufgewendet werden muss. Da beim Langhantelrudern auch mehr Gewicht bewegt werden kann als beim Langhantelcurl (schließlich hilft der starke Latissimus mit), ist diese Bewegung als deutlich effektivere Bizepsübung einzuordnen. Tatsächlich ist das Langhantelrudern mit Untergriff eine der Lieblingsübungen von Dorian Yates, der den Mr. Olympia-Titel länger geführt hat, als jeder andere Bodybuilder.

Bei allen Ausführungen mit der Langhantel wird die Hantelstange zum Bauch geführt, um den Lat optimal kontrahieren zu lassen. Das ist bei der T-Bar – je nach Körpergröße – nicht immer möglich, daher sollte diese Variante nicht so häufig gewählt werden. Beim Einsatz von zwei Kurzhanteln werden die Gewichte im Hammergriff gehalten (die Daumen zeigen nach vorn) und die Ellbogen werden so hoch wie möglich gehoben; so kontrahiert der Lat am besten. Soll hier die Betonung auf die Bizepse gelegt werden, kann die Bewegung auch mit den Kurzhanteln im Untergriff durchgeführt werden, auch hier sind die Ellbogen so hoch wie möglich bringen.

Übungen für den Rücken – Langhantel-Rudern vorgebeugt

Zweitbeste Übung für den Bizeps: Voller Einsatz des Latissimus, der Bizepse (vor allem, wenn ein Untergriff verwendet wird) und der hinteren Schultern. Die Muskeln des oberen Rückens unterstützen ebenfalls. Mit Untergriff wird eher der untere Lat gefordert, mit Obergriff eher der mittlere und obere Lat.

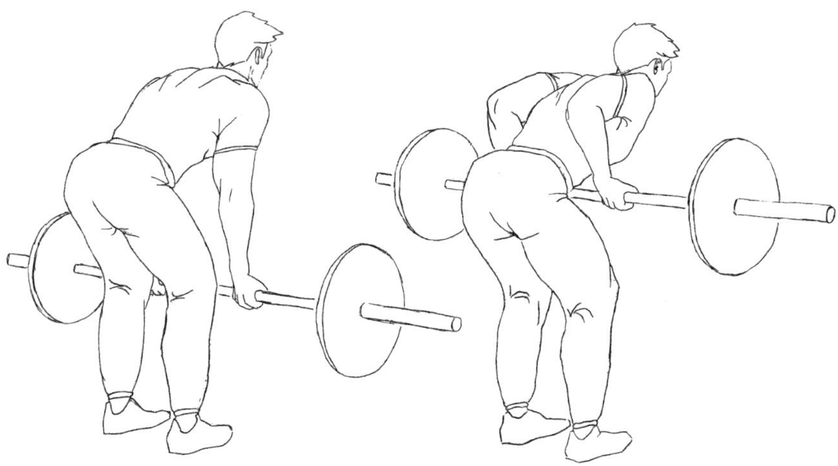

Start

- Hantelstange mit schulterweiten Untergriff (oder etwas weiter im Obergriff) fassen
- Schulterweiten Stand einnehmen
- Mit geradem Rücken bzw. leichtem Hohlkreuz vorbeugen, dabei Kopf in den Nacken legen
- Hantel hängt an den gestreckten Armen herab

Ausführung

- Hantel mit den Armen und dem Lat zum Unterbauch hochziehen

Ende

- Hantelstange berührt den Unterbauch
- Ellbogen hinter dem Rücken
- Latissimus und Bizepse kurz fest anspannen, bevor die Hantel auf volle Armlänge wieder abgelassen wird

Stellen Sie sich zur Ausführung des vorgebeugten Ruderns auf einen etwa zehn Zentimeter hohen Holzblock (oder zwei große Hantelscheiben), die Füße höchstens schulterweit auseinander. Beugen Sie sich mit geradem Rücken vor, ohne dabei die Beine ganz durchzustrecken, und greifen Sie die Hantel mit schulterbreitem Untergriff. In der Ausgangsposition wird der Oberkörper vorgebeugt, der Kopf ist in den Nacken gelegt (auf diese Weise nehmen Sie automatisch ein leichtes Hohlkreuz ein, das Gesäß wird quasi herausgestreckt). Das Gewicht hängt auf Armlänge herab. Atmen Sie jetzt ein und ziehen Sie die Hantel unter Einsatz von Bizepsen und Rückenmuskulatur hoch, bis die Stange den Unterbauch berührt. Senken Sie anschließend das Gewicht langsam wieder ab; atmen Sie dabei aus. Legen Sie die Hantel am Ende der Wiederholung nicht auf dem Boden ab, sondern beginnen Sie gleich mit der nächsten.

Die Rücken- und Kopfhaltung während der Ausführung darf nicht verändert werden: Keinen »Rundrücken« machen, bzw. nach unten sehen! In diesem Fall kann man die Stange nicht mehr zum Bauch führen; außerdem verlagert sich die Belastung auf die oberen Rückenmuskeln und die Verletzungsgefahr steigt an.

Konzentrieren Sie sich bei der Ausführung der Übung darauf, die Stange zum Unterbauch zu führen. Lassen Sie das Gewicht immer so weit wie möglich ab – die Arme müssen ganz gestreckt sein. Sie sollten die Dehnung der Rückenmuskulatur deutlich spüren, bevor Sie die nächste Wiederholung ausführen.

Wenn Sie beim vorgebeugten Rudern die Ellbogen sehr hoch bringen, bzw. beim Rudern sitzend am Kabel die Ellbogen weit nach hinten, beteiligen Sie die hinteren Deltamuskeln effektiv an der Bewegung. Sie können beim Rudern viel mehr Gewicht einsetzen, als beim vorgebeugten Seitheben, das als Standardübung für die hinteren Schultermuskeln gilt. Deshalb sind alle vorgebeugten, bzw. sitzenden Ruderbewegungen, egal ob mit Hanteln oder am Kabel, die besten Übungen für die Entwicklung der hinteren Schultern.

Übungen für den Rücken – Latziehen mit schulterweitem Untergriff

Drittbeste Übung für den Bizeps: Voller Einsatz der Bizepse, des Latissimus und der Muskeln des oberen Rückens. Der hintere Deltamuskel wird ebenfalls stark gefordert. Beim Latziehen mit Parallelgriff zur Brust kann der Bizeps nicht mehr optimal mitarbeiten, dafür werden die äußeren Partien des Lats voll gefordert. Mit weitem Obergriff zum Nacken eregeben sich die gleichen Nachteile wie beim Klimmzug.

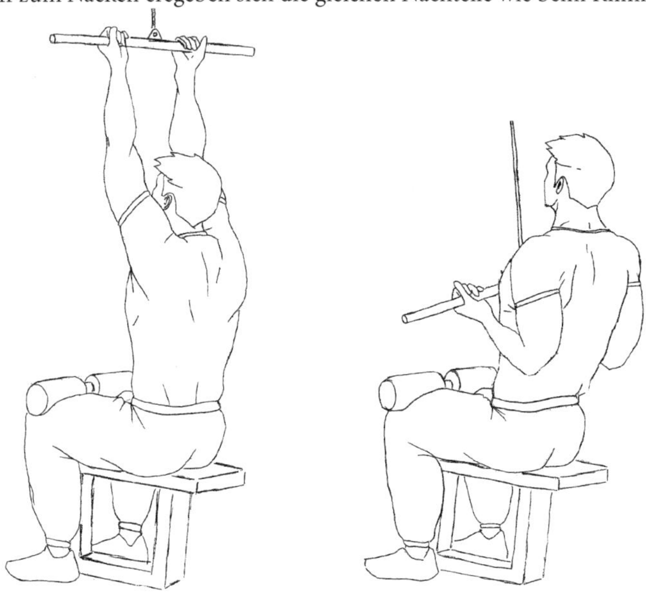

Start
- Knie unter die Polster
- Stange greifen mit schulterweitem Untergriff
- Volle Streckung der Arme und des Latissimus

Ausführung
- Stange langsam zur Brust ziehen
- Dabei Schultern zurücknehmen, Brust leicht emporwölben

Ende
- Stange berührt die untere Brust
- Ellbogen hinter dem Körper, Bizepse und Lat kurz fest anspannen

Mit Parallelgriff zur Brust
- Ausführung wie oben, Griff zur Brust ziehen. Trainiert den äußeren Lat

Mit weitem Obergriff zum Nacken
- Ausführung wie oben, Stange zum Nacken ziehen. Trainiert inneren Lat

Latziehen

Das Latziehen an der Kabelzugmaschine kann wie die Klimmzüge gestaltet werden: mit schulterweitem Untergriff, mit Parallelgriff oder mit Obergriff zu Nacken. Durch die sitzende Ausführung der Zugübung wird die stabilisierende Funktion vieler Muskeln ausgeschaltet, die beim frei hängenden Klimmzug erfolgen muss. Es kann auch nur weniger Gewicht bewegt werden, als beim Klimmzug; haben Sie schon einmal Latziehen mit Ihrem Körpergewicht durchgeführt? Daher ist diese Übung, obwohl dem Klimmzug so ähnlich, von der Effektivität her niedriger einzustufen.

Latziehen mit Parallelgriff

Für alle Arten des Latziehens gilt dasselbe, wie für die Klimmzüge. Am effektivsten kontrahiert der Latissimus auch hier beim Einsatz eines Parallelgriffs. Nehmen Sie auf der Bank vor dem Kabelzug Platz und verankern Sie die Oberschenkel unter den dafür vorgesehenen Polstern. Greifen Sie den Parallelgriff und ziehen Sie das Gewicht langsam bis zur Brust herab. Dabei den Oberkörper nicht einrollen, sondern die Schultern zurücknehmen und die Brust empor wölben. Spannen Sie den Latissimus in der Endposition für einen Augenblick fest an und lassen Sie das Gewicht anschließend langsam in die Ausgangsposition zurückgleiten.

Latziehen mit schulterweitem Untergriff

Beim Latziehen zur Brust mit schulterweitem Untergriff wird statt des Parallelgriffs eine Stange verwendet. Auf diese Weise können die Bizepse – wie beim Klimmzug mit Untergriff – verstärkt zum Einsatz kommen. So wird diese Übung nicht nur für das Rückentraining, sondern auch zur Entwicklung der Bizepse viel effektiver genutzt. Die Ausführung geschieht wie zuvor geschildert: Die Stange langsam bis zur Brust herabziehen, dabei die Brust emporwölben und die Ellbogen weit nach hinten bringen. Latissimus und Bizepse fest anspannen, bevor das Gewicht langsam wieder hochgelassen wird.

Latziehen zum Nacken

Das klassische Latziehen zum Nacken wird mit weiterem Obergriff an einer Stange ausgeführt. Statt zur Brust wird die Stange hier zum Nacken hin gezogen. Versuchen Sie, so aufrecht wie möglich zu sitzen und das Kinn nicht auf die Brust zu nehmen. Die Effektivität dieser Variante ist – verglichen mit den Vorgängern – nicht besonders hoch: Die Bizepse können wegen der weiten Handhaltung und des Obergriffs nicht viel Kraft entfalten und die Kontraktion des Latissimus ist wegen des weiten Griffs ebenfalls eingeschränkt.

Rudern sitzend

In der Rangliste der Rückenübungen wegen des mittleren Gewichts, was hier nur eingesetzt werden kann, noch weiter hinten einzuordnen. Aber gut geeignet zum Abschluss des Rückentrainings, um aus den bereits erschöpften Lats noch einmal das Letzte herauszuholen. Diese Übung entwickelt vor allem die untere Partie des Latissimus und sollte zur sauberen Ausführung mit nicht zu schwerem Gewicht ausgeführt werden.

Rudern sitzend am Kabel mit Parallelgriff oder schulterweitem Untergriff

Das sitzende Rudern kann als herkömmliches Kabel-Rudern mit Parallelgriff ausgeführt werden oder mit einer Latzugstange und schulterweitem Untergriff. So wird sie – weil weniger Gewicht bewegt wird – zu einer nicht so effektiven Variante des vorgebeugten Langhantelruderns, welche die Bizepse und die hinteren Schultern optimal an der Bewegung beteiligt. Bei dieser Übung sollte einer sauberen Ausführung unbedingt der Vorzug vor einem hohen Gewicht gegeben werden.

Denn das sitzende Rudern erlaubt durch das weite Vorbeugen des Oberkörpers und die gestreckte Armhaltung in der Ausgangsstellung eine deutlich bessere Dehnung des Latissimus und des Schultergürtels als bei den anderen Rückenübungen. Das führt im Anschluss zu einer sehr guten Kontraktion der

Übungen für den Rücken – Rudern sitzend am Kabel mit Parallelgriff

Voller Einsatz des Latissimus, vor allem der unteren und äußeren Partien, sowie der anderen Muskeln des oberen Rückens. Unterstützend arbeiten Bizepse und hintere Schultern mit. Bei der Ausführung mit schulterweitem Untergriff wird der Bizeps stärker beansprucht.

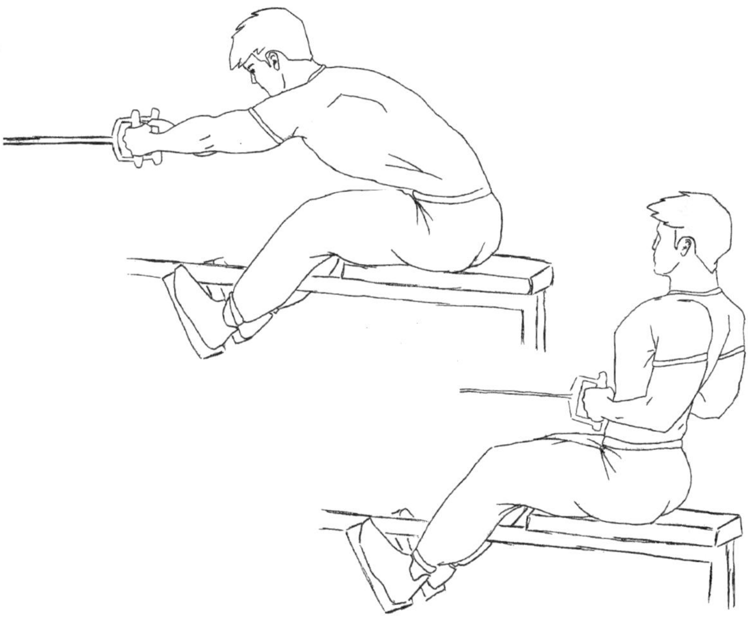

Start
- Parallelgriff mit beiden Händen greifen
- Oberkörper weit vorstrecken, Arme lang

Ausführung
- Gewicht zum Körper und Griff zum Bauchnabel ziehen
- Dabei den Oberkörper aufrichten und die Arme anwinkeln

Ende
- Schultern zurückgenommen, Ellbogen weit nach hinten geführt
- Latissimus kurz fest anspannen

Mit schulterweitem Untergriff
- Stange mit Untergriff schulterweit fassen
- Ausführung wie oben
- Stange zum Bauchnabel ziehen

gesamten Rückenmuskulatur; auch die Bizepse und die hinteren Schultern werden stark gefordert. Daher ist das sitzende Rudern eine sehr gute Ergänzungsübung zu den schweren Rückenübungen.

Zur Ausführung wird der Oberkörper weit nach vorn gebeugt und die Arme werden lang gestreckt. Dann wird das Gewicht zum Körper gezogen und der Parallelgriff bzw. die Stange zum Bauch geführt – bis der Bauchnabel berührt wird. In der Endposition ist der Oberkörper aufrecht im Hohlkreuz (nicht Zurücklehnen, das entlastet den oberen Rücken), die Schultern sind zurückgenommen und die Ellbogen sind weit nach hinten geführt. Das ermöglicht eine sehr gute Muskelkontraktion im hinteren Oberkörper und die weit zurückgenommenen Ellbogen fordern die hinteren Deltamuskeln. Auch die Bizepse kontrahieren stark, am besten beim Einsatz der Stange mit Untergriff statt des Parallelgriffs.

Einschätzung anderer Rückenübungen

Für den Rücken werden nicht selten auch einarmige Varianten der vorgenannten Übungen ausgeführt; so z.B. beim vorgebeugten Rudern mit einer Kurzhantel, alternierend ausgeführt bzw. beim sitzenden Rudern am Kabelzug. Die Beschränkung auf jeweils eine Körperseite erlaubt zwar eine recht gute Konzentration auf die Bewegung, schränkt aber das verwendet Gewicht deutlich ein. Effektiver für den Muskelaufbau sind die beidarmigen Varianten mit der Langhantel, bzw. mit beidseitigem Griff. Selbst mit zwei Kurzhanteln ausgeführt ergibt sich ein größeres Potenzial für den Muskelaufbau, ganz einfach, weil mehr Muskeln unterstützend mitarbeiten und deshalb mehr Gewicht verwendet werden kann.

Abschließend kann festgehalten werden, dass man sich die beliebten Hyperextension für das Training des unteren Rückens und der Rückenstrecker sparen kann. Hyperextensionen sind – da durch Anheben des Oberkörpers nicht viel »Gewicht« eingesetzt werden kann – keine besonders effektive Übung für den unteren Rücken; Kreuzheben und Kniebeugen sind dafür weitaus besser geeignet.

Die Muskeln der Brust

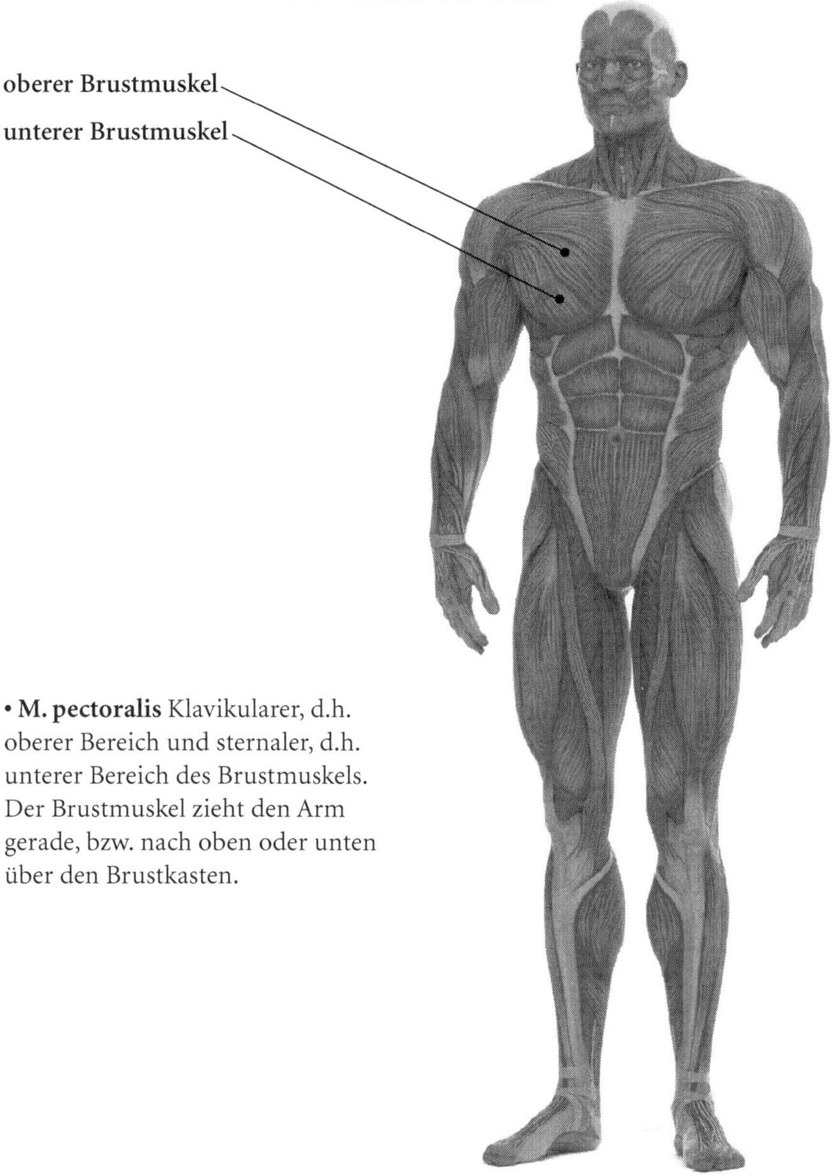

• **M. pectoralis** Klavikularer, d.h. oberer Bereich und sternaler, d.h. unterer Bereich des Brustmuskels. Der Brustmuskel zieht den Arm gerade, bzw. nach oben oder unten über den Brustkasten.

Effektivität der Übungen für die Brust

Übung	Dehnung & Kontraktion	mögliches Gewicht	Einsatz von Synergisten	Wertung
• Dips vorgebeugt, Ellbogen ausgestellt *	+++	+++	+++	9
• Bankdrücken **				
- mit der Langhantel	++	+++	+++	8
- mit Kurzhanteln	++	++	+++	7
• Schrägbankdrücken				
- mit der Langhantel	++	++	+++	7
- mit Kurzhanteln	++	+	+++	6
• Liegestütz mit Partnerhilfe	++	+	++	5
• Überzug ***				
- mit einer Kurzhantel	+++	+	++	6
- mit der Langhantel	++	+	++	5
• Fliegende Bewegung				
- mit Kurzhanteln	+++	+	+	5
- stehend am Kabel	++	+	++	5

* Die beste Brustübung; sie kann auch mithilfe eines Gürtels und Zusatzgewicht ausgeführt werden. Alle Muskeln des Oberkörpers untersützen die Bewegung, vor allem die die Rückenmuskulatur wird besser einbezogen, als beim Bankdrücken.

** Beim Bankdrücken fällt die Unterstützung der Synergisten, vor allem der des Rückens, nicht ganz so gut aus, wie beim Dip

*** Diese Übung erzielt eine sehr gute Dehnung und anschließende Kontraktion der Brustmuskulatur und des Sägemuskels. Die Muskeln des oberen Rückens und der Lat helfen mit, während die Bizepse und Trizepse weitgehend ausgeschaltet sind. Für die Kraftsportler in der großen Zeit des Bodybuildings von den 1960er bis zu den 1980er Jahren war sie vor allem zur Verbreiterung des Brustkorbs und der Ausbildung einer athletischen Figur unverzichtbar.

Übungen für die Brust

Beim Training für die Brustmuskeln (M. pectoralis) sorgen eine saubere Ausführung der Bewegungen und möglichst hohes Gewicht für beste Ergebnisse. Dem entsprechend kommt den schweren Übungen wie Dips, Bankdrücken und Schrägbankdrücken mit der Langhantel eine Schlüsselrolle für die Entwicklung der Brust zu. Liegestütze können durchaus als »mittelschwere« Übungen gestaltet werden, wenn der Trainingspartner als Zusatzgewicht dient. Und der Überzug mit einer schweren Kurzhantel oder einer leichteren Langhantel ist heute zu Unrecht in Vergessenheit geraten: Er trainiert den gesamten Oberkörper und die damit erzielte Dehnung in den Brustmuskeln fällt besser aus, als bei Fliegenden Bewegungen. Letztere, egal ob mit Hanteln oder am Kabel über Kreuz ausgeführt, können allenfalls dazu dienen, einen durch schwere Drückübungen belasteten Brustmuskel abschließend zu erschöpfen.

Bei den schweren Drückbewegungen helfen die Trizepse kräftig mit, entsprechend sind die schweren Brustübungen auch die besten Übungen für den Trizeps. Auch die Schultern, besonders die vorderen Partien der Deltamuskeln, werden gefordert. Da beim Bankdrücken und bei Dips mehr Gewicht verwendet werden kann, als bei allen Drückbewegungen für die Schulter, können beide als beste Übungen für die vordere Schultermuskulatur eingestuft werden. Dasselbe gilt für vorgebeugte und aufrechte Dips – damit werden die vorderen und, etwas weniger, die seitlichen Deltamuskeln stark gefordert.

Dips vorgebeugt mit ausgestellten Ellbogen

Der Barrenstütz ist eine alte Kraftsportübung der deutschen Turner und ist schon lange trainiert worden, bevor das Bankdrücken erfunden wurde. Den Amerikanern war das Wort vermutlich zu schwer auszusprechen; sie wählten das »Eintauchen« (engl. Dip) zwischen die Barrenholme als Namen für diese Übung. Je nach Ausführung kann die Belastung eher auf die Brustmuskeln (bei ausgestellten Ellbogen) oder auf die Trizepse (mit eng am Körper gehaltenen Ellbogen) gelenkt werden. Und wer mit seinem Körpergewicht mehr als 12 Wiederholungen schafft, der legt einen Gewichtgürtel an, um die Belastung zu erhöhen.

Einen Dip-Barren bzw. ein Stützgerät für das Bauchtraining mit Griffen am Ende der Armauflage – quasi ein Kurzbarren – gibt es in fast jedem Fitness-Studio. Allerdings sollten die Barren bzw. Stangen wirklich parallel stehen; Dip-Barren in V-Form sollten besser nicht genutzt werden, um sich keine Verletzungen im Schulterbereich einzuhandeln. Selbst für das Heimtraining sind Dip-Geräte mittlerweile recht günstig zu bekommen. Die Holme dürfen aber nicht zu weit auseinanderstehen, sonst kann es wiederum zu Verletzungen kommen. Prüfen Sie also das Gerät, ob es komfortabel auszuführende, tiefe Dips erlaubt.

Für das Training der Brust wird der Barrenstütz eingenommen, das Kinn auf die Brust gesenkt, der Oberkörper vorgeneigt und beim Absenken werden die Ellbogen ausgestellt. Damit wird die Belastung stärker auf die Brust verlagert. Die Oberarme sollten dabei etwa 45 Grad vom Oberkörper abstehen, aber nicht weiter ausgestellt werden, sonst wird die Belastung der Schultergelenke zu hoch. Gehen Sie langsam so tief hinunter, bis Sie die Streckung in der Brust deutlich spüren, bevor Sie die Aufwärtsbewegung einleiten. Die Kopfhaltung und die Vorneigung des Oberkörpers werden bei der Aufwärtsbewegung beibehalten, um eine bessere Kontraktion der Brustmuskeln zu ermöglichen. Am besten atmet man bei der Abwärtsbewegung ein und bei der Aufwärtsbewegung aus.

Langsam ausgeführte, tiefe Dips sind eine unglaublich anstrengende Übung, welche neben der Brust auch die Trizepse und die Schultern stark fordert; selbst die Muskulatur des oberen Rückens und der Latissimus müssen unterstützend mitarbeiten, während Unterarme, Bauchmuskeln und unterer Rücken die Bewegung stabilisieren. Entsprechend galten Dips früher als beste Übung für den gesamten Oberkörper. Und wer die Ausführung weiter verlangsamt, z.B. die Abwärts- und Aufwärtsbewegung um wenige Sekunden ausdehnt, der kann damit die Intensität deutlich steigern, ohne das Gewicht zu erhöhen. Das alles macht Dips zu einer der besten Grundübungen.

Übungen für die Brust – Dips vorgebeugt mit ausgestellten Ellbogen

Eine der besten Übungen für den Oberkörper: Voller Einsatz der Brustmuskeln, besonders der mittleren und unteren Partien. Die Trizepse unterstützen kräftig, während vordere bzw. seitliche Schultern und der Latissimus ebenfalls mithelfen.

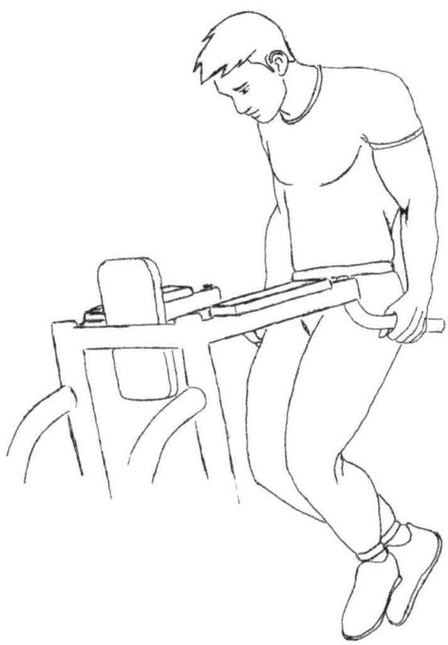

Start
- Barrenstütz einnehmen
- Kinn auf die Brust, Oberkörper vorneigen

Ausführung
- Arme beugen und Oberkörper langsam tief absenken, dabei die Ellbogen seitlich ca. 45 Grad ausstellen
- Beim Absenken die vorgeneigte Körperhaltung beibehalten
- Dann Oberkörper durch Streckung der Arme wieder hochdrücken

Ende
- Arme voll gestreckt
- Brustmuskeln und Trizepse kurz fest anspannen

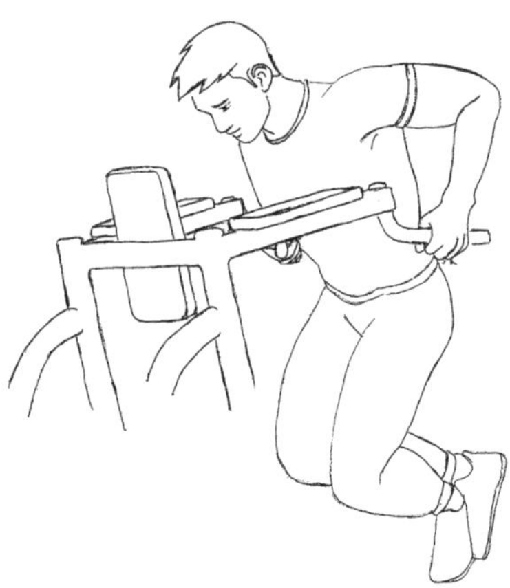

Vince Gironda, legendärer US-Trainer vieler Top-Bodybuilder und Schauspieler, sah das ebenso; seiner Meinung nach gab es keine bessere Übung als Dips, um die Brustmuskulatur zu entwickeln. Wie Randall Strossen in seinem Buch »Super Kniebeugen« (Novagenics Verlag 1992) berichtet, können bei Dips enorme Lasten bewältigt werden: Bereits 1953 gelangen dem US-Kraftsportler Marvin Eder bei 197 Pfund (89 kg) Körpergewicht Einzelwiederholungen mit einem Zusatzgewicht von 435 Pfund (197 kg)!

Bankdrücken mit der Langhantel

Langhantel-Bankdrücken ist die klassische Übung für den Aufbau der Brustmuskulatur und eine der beliebtesten Kraftsport-Übungen überhaupt. Doch obwohl eigentlich jeder Bodybuilder Bankdrücken regelmäßig trainiert, führen viele Athleten diese Übung nicht richtig aus. Das nimmt dem Bankdrücken einen Teil der Wirksamkeit für den Muskelaufbau und es führt nicht selten zu langwierigen Verletzungen, besonders die Bizepssehne ist davon betroffen.

Legen Sie sich rücklings auf eine Flachbank und platzieren Sie die Füße sicher auf dem Boden. Greifen Sie die Langhantel in der Ablage über Ihnen und umfassen Sie die Stange mit einem etwas mehr als schulterweitem Obergriff (so weit, dass sich die Unterarme senkrecht zum Boden befinden, wenn die Hantel auf der Brust ruht). Stemmen Sie das Gewicht aus der Ablage, indem Sie die Arme strecken und halten Sie es mit durchgedrückten Armen senkrecht über der Brust. Atmen Sie tief ein und senken Sie dabei das Gewicht langsam herab, bis die Stange die Brust in Höhe der Brustwarzen berührt. Anders ausgedrückt: Die Stange sollte die Brust etwas oberhalb des Solarplexus berühren. Die Ellbogen bleiben während der Abwärtsbewegung ausgestellt.

Diese Armbewegung ist eine natürliche, die etwa auch beim Schieben einer großen Kiste o.ä. eingesetzt wird. Die abgewinkelten Arme mit ausgestellten Ellbogen auf Schulterhöhe nach hinten zu führen, ist dagegen eine unnatürliche, im Alltag so gut wie nie eingesetzte Bewegung. Aus gutem Grund: Die

Übungen für die Brust – Lang- und Kurzhantel-Bankdrücken

Voller Einsatz der Brustmuskeln, sowie der vorderen Schultermuskeln; die Trizepse unterstützen kräftig. Bei schulterweitem Griff werden die Trizepse stärker gefordert.

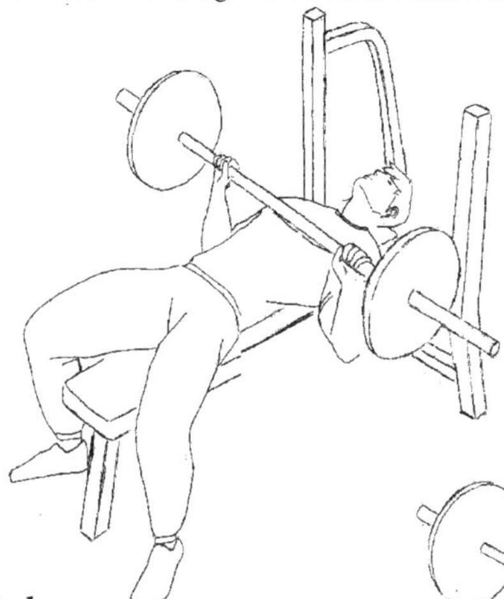

Start

- Stange weit greifen
- Hantel aus der Halterung stemmen

Ausführung

- Arme langsam beugen, Ellbogen dabei seitlich ausstellen
- Hantelstange zur unteren Brust führen (ca. 5 cm oberhalb des Solarplexus)
- Brust kurz berühren, Gewicht wieder hochstemmen und dabei im leichten Halbkreis über die Schultern führen

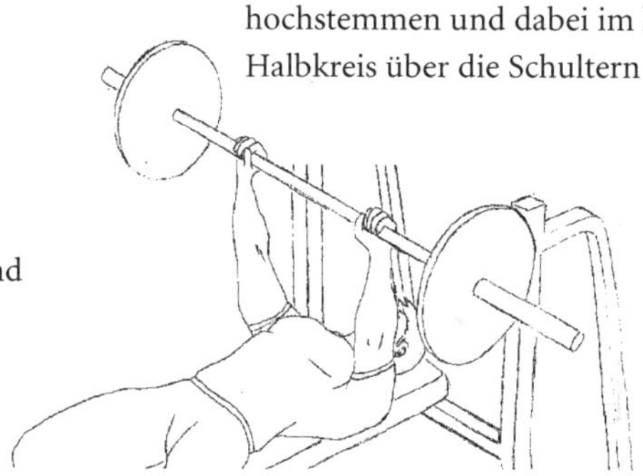

Ende

- Arme voll gestreckt
- Schultern hochdrücken und Brust kurz fest anspannen

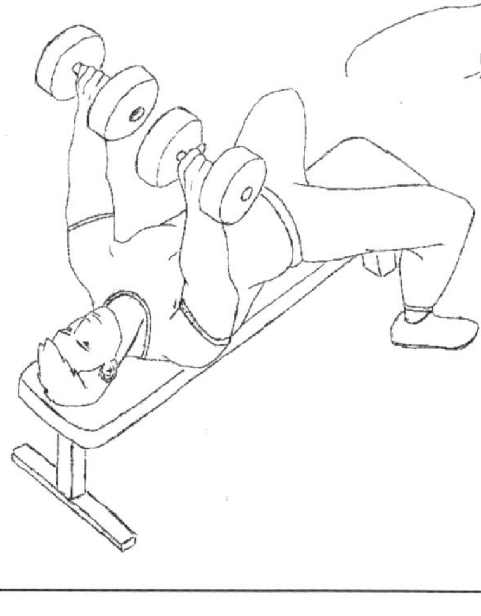

Mit Kurzhanteln

- Arme beugen und Kurzhanteln seitlich am Körper herablassen, bis eine gute Dehnung der Brustmuskeln erreicht ist, Ellbogen dabei ausstellen
- Gewichte dann beidseitig langsam wieder hochdrücken, bis die Arme gestreckt sind
- Zuletzt die Schultern hochdrücken, um die Brust zu kontrahieren

Schulter kann sie zwar durchführen, doch die lange Bizepssehne, die vom oberen Rand des Bizeps durch das Schultergelenk verläuft, wird dabei extrem gedehnt und stark beansprucht. Die Hantel sollte bei Bankdrücken also nicht zur oberen Brust oder gar zum Hals hin abgelassen werden, um ernsthafte Verletzungen der Bizepssehne zu vermeiden.

Wenn die Hantelstange die Brust berührt, drücken Sie die Hantel kraftvoll empor, bis die Arme gestreckt sind; atmen Sie dabei aus. Die Langhantel wird dabei in einem leichten Bogen nach hinten, zu den Schultern hin geführt. Auf diese Weise kann der gesamte Schultergürtel die volle Kraft entfalten.

Spannen Sie Ihre Brustmuskeln in der obersten Position für einen Augenblick fest an, indem Sie die Schultern so hoch wie möglich drücken, bevor Sie die Hantel wieder zu den Brustwarzen herabführen.

Halten Sie den unteren Rücken während der gesamten Bewegung flach auf der Bank; Sie sollten bei der Drückbewegung kein Hohlkreuz einnehmen. Mit einem Hohlkreuz werden beim Wettkampf-Bankdrücken noch einige Kilo mehr bewegt. Für eine vollständige Entwicklung der Brustmuskeln ist diese Haltung aber nicht notwendig; außerdem gefährdet sie den unteren Rücken.

Die Hantelstange sollte direkt auf den Handgelenken zu liegen kommen. So ist das Gewicht am besten platziert. Vermeiden Sie unbedingt, die Hände nach hinten »abzuknicken«, so dass die Stange mehr von den Fingern gehalten wird, statt sicher in der Handfläche zu liegen.

Die Griffweite bestimmt beim Bankdrücken die vorwiegend trainierte Muskelregion: Je weiter der Griff, desto größer ist die Belastung der Brustmuskeln und der vorderen Schultern. Je enger der Griff (bis hin zur Schulterbreite, noch enger macht die Ausführung unkomfortabel), desto stärker werden die Trizepse gefordert.

Bankdrücken mit Kurzhanteln

Bei vielen Kraftsportlern, die schon länger trainieren, führt schweres Bankdrücken mit der Langhantel zu schmerzhaften und langwierigen Verletzungen der langen Bizepssehne. Wer dazu zählt, der weicht für ein schweres

Brusttraining auf Dips aus. Alternativ kann man auch Bankdrücken mit Kurzhanteln trainieren; bei schweren Gewichten ist dabei ein Trainingspartner, der unterstützend eingreifen kann, zwingend vonnöten. Natürlich muss gegenüber dem Training mit der Langhantel das Gewicht reduziert werden, doch durch die freiere Bewegung kann häufig das Bankdrücktraining mit Kurzhanteln trotz Anfälligkeit der Bizepssehne fortgeführt werden.

Zur Ausführung des Kurzhantelbankdrückens nimmt man eine Kurzhantel in jede Hand und setzt sich rittlings auf eine Flachbank. Die Kurzhanteln werden auf die Oberschenkel gesetzt und der Oberkörper mit angewinkelten Beinen nach hinten geführt. Die Beine unterstützen dabei das Gewicht der Hanteln so weit, bis die Arme das Gewicht halten können. Wenn der Rücken an der Bank anliegt, werden die Kurzhanteln gleichzeitig hochgestemmt; das ist die Ausgangsposition. Jetzt die Hanteln gleichzeitig zu den Seiten des Oberkörpers ablassen, bis eine komfortable Dehnung der Brustmuskulatur erreicht wird. Die Ellbogen werden dabei ausgestellt, doch nicht so weit, dass die Schulterregion überdehnt wird. Die Bewegung mit Kurzhanteln ist deutlich flexibler als mit der Langhantel und man nimmt automatisch eine »komfortable« tiefe Position ein, bei der Schultern und Bizepssehne nicht überfordert werden.

Dann werden die Hanteln kraftvoll wieder empor gedrückt, bis die Arme gestreckt sind. Zuletzt werden die Schultern hochgedrückt, so dass die Brustmuskeln fest kontrahieren, bevor mit der Abwärtsbewegung die nächste Wiederholung eingeleitet wird.

Alternativ kann die Bewegung auch mit den Handflächen nach vorn beginnen und im Zuge der Aufwärtsbewegung werden die Hände einwärts gedreht, so dass in der oberen Position der Bewegung die Handflächen zueinander und die Daumen nach hinten zeigen. So wird nicht nur die Brust aus einem etwas anderen Winkel gefordert, auch der seitliche Deltamuskel wird stärker einbezogen.

Übungen für die Brust – Lang- und Kurzhantel-Schrägbankdrücken

Bei ausgestellten Ellbogen voller Einsatz der Brustmuskeln; die vorderen Schultern und die Trizepse unterstützen kräftig. Mit schulterweitem Griff verlagert sich die Belastung mehr auf die Trizepse.

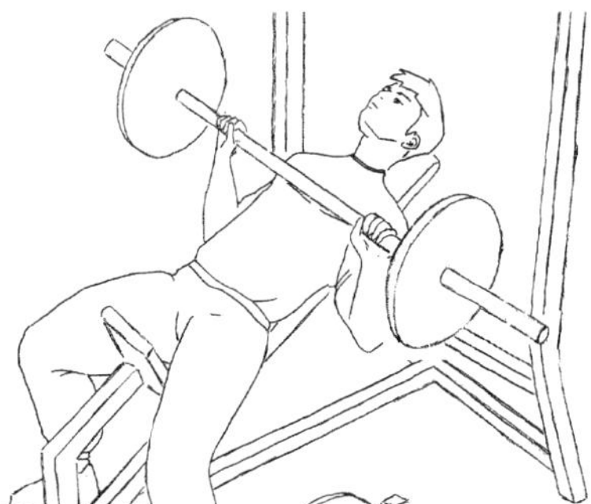

Start
- Stange weit greifen
- Hantel aus der Halterung stemmen

Ausführung
- Arme langsam beugen, Ellbogen dabei seitlich ausstellen
- Hantelstange zur unteren Brust führen (ca. 5 cm oberhalb des Solarplexus)
- Brust kurz berühren, Gewicht wieder hochstemmen und dabei im leichten Halbkreis über die Schultern führen

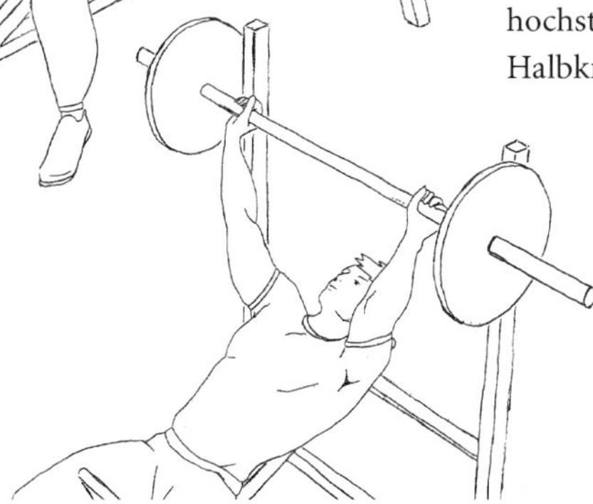

Ende
- Arme voll gestreckt
- Schultern hochdrücken und Brust kurz fest anspannen

Mit Kurzhanteln
- Arme beugen und Kurzhanteln seitlich am Körper herablassen, bis eine gute Dehnung der Brustmuskeln erreicht ist, Ellbogen dabei ausstellen
- Gewichte dann beidseitig langsam wieder hochdrücken, bis die Arme gestreckt sind
- Zuletzt die Schultern hochdrücken, um die Brust zu kontrahieren

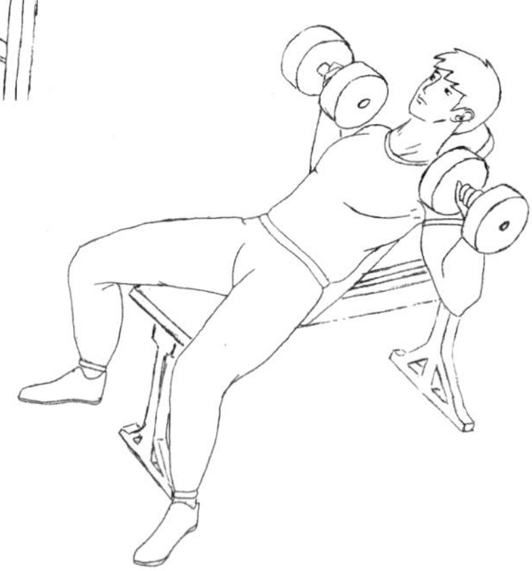

Schrägbankdrücken mit der Langhantel

Manche Kraftsportler halten das Schrägbankdrücken für die effektivere Übung zur Entwicklung der Brustmuskulatur. Wird der Oberkörper etwas aufgestellt, führt die stärkere Dehnung beim Ablassen des Gewichts dazu, dass die Brustmuskeln anschließend besser kontrahieren. Zudem werden wegen des veränderten Winkels von der Brust zum Oberarm mehr Muskelfasern des Pectoralis beansprucht. Dem wäre allerdings entgegenzuhalten, dass beim Drücken auf der Flachbank mehr Gewicht bewegt werden kann. Wie auch immer man das Schrägbankdrücken bewerten mag, eines ist sicher: Neben Dips und dem konventionellen Bankdrücken ist es die nächstbeste Übung zur Entwicklung der Brustmuskeln.

Legen Sie sich rücklings auf eine Schrägbank, deren Winkel etwa 35 Grad beträgt (steht die Lehne steiler als 35 Grad, verlagert sich die Belastung von der Brust zunehmend auf die Schultern). Greifen Sie die über Ihnen liegende Hantelstange mit weitem Obergriff – so weit, dass die Unterarme in der unteren Position senkrecht stehen. Stemmen Sie die Hantel aus der Ablage und halten Sie sie mit gestreckten Armen. Führen Sie die Stange kontrolliert auf die mittlere bzw. untere Brust herab und atmen Sie dabei tief ein. Stellen Sie die Ellbogen während der ganzen Bewegung zur Seite aus. In der tiefsten Position berührt die Hantelstange Ihre Brustmuskeln. Drücken Sie dann das Gewicht wieder empor, bis die Arme durchgestreckt sind. Atmen Sie dabei aus. Spannen Sie die Brustmuskeln einen Augenblick lang fest an, indem Sie die Schultern so hoch wie möglich drücken, bevor Sie mit der nächsten Wiederholung beginnen.

Lassen Sie die Hantel nicht von der Brust »abfedern« und halten Sie den unteren Rücken flach auf der Bank. Den Winkel der Schrägbank können Sie von einer Trainingseinheit zur anderen, oder innerhalb einer Trainingseinheit von Satz zu Satz verändern (allerdings nicht höher als 35 Grad stellen); so bringen Sie etwas Abwechslung in das Training. Wie beim Drücken auf der flachen Bank darf auch hier die Hantel nicht zum Hals hin abgelassen werden; das führt zu einer Überdehnung des Schultergürtels und schnell zu Verletzungen an der Bizepssehne.

Schrägbankdrücken mit Kurzhanteln

Auch das Schrägbankdrücken kann mit Kurzhanteln durchgeführt werden. Dafür muss allerdings das Gewicht verringert werden, deshalb ist diese Übung nicht ganz so effektiv wie mit der Langhantel.

Halten Sie die Hanteln zu beiden Seiten des Körpers in Höhe der Schultern, die Ellbogen werden dabei ausgestellt: Atmen Sie tief ein und drücken Sie dann die Hanteln nach oben; dabei wird ausgeatmet. Spannen Sie die Brustmuskeln in der oberen Position der Bewegung einen Moment lang fest an, indem Sie die Schultern so hoch wie möglich drücken, bevor sie die Gewichte langsam wieder auf Schulterhöhe ablassen.

Liegestütz mit Partnerhilfe

Der Liegestütz ist eine verkannte Übung; sie erinnert zwar an den Schulsport vergangener Tage, doch trainiert man damit Brust, vordere Schultern und Trizepse sehr effektiv. Wenn man den Kopf in den Nacken legt, werden die mittlere und die untere Brust stärker belastet. Werden die Ellbogen bei der Bewegung zur Seite ausgestellt, wird die Brust stärker belastet; wenn sie eng am Körper gehalten werden, verlagert sich die Wirkung mehr auf die Trizepse. In der oberen Position sollte die Kontraktion in den Brustmuskeln jeweils für einen Moment gehalten werden, ehe Sie die nächste Wiederholung einleiten.

Das Manko der Liegestütze ist die geringe Gewichtsbelastung, die der eigene Oberkörper erlaubt. Durch eine Erhöhung der Stützfläche der Hände bzw. der Füße lässt sich die Belastung zwar steigern, doch erst wenn sich der Trainingspartner auf den oberen Rücken setzt, wird es für den erfahrenen Bodybuilder wirklich so schwer, dass ein Trainingseffekt erzielt wird.

Liegestütze eignen sich als abschließende Übung des Brust- oder Trizepstrainings. Für das spezielle Trizepstraining empfehlen sich die Liegestütze am Holm; siehe dazu unter »Übungen für den Trizeps«.

Gehen Sie für die Ausführung auf die Knie und stützen Sie die Arme etwas weiter als schulterbreit auf den Boden. Strecken Sie nun die Beine und lassen

Übungen für die Brust – Liegestütz ohne und mit Partnerhilfe

Bei ausgestellten Ellbogen voller Einsatz der Brustmuskeln; die vorderen Schultern und die Trizepse unterstützen kräftig. Bei eng gehaltenen Ellbogen verlagert sich die Belastung mehr auf die Trizepse. Die Muskeln des Rumpfes stabilisieren die Bewegung.

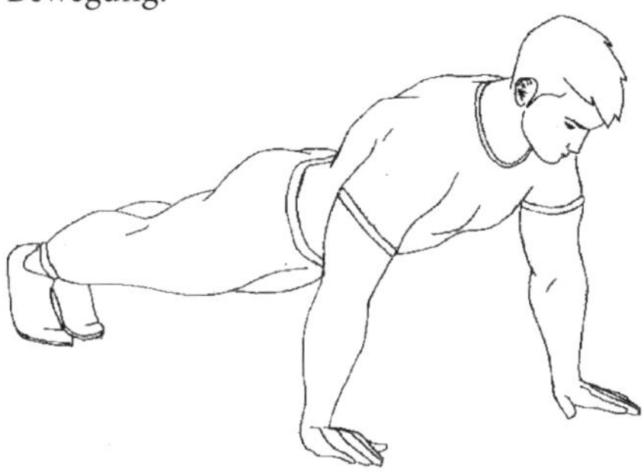

Start

- Hände weit aufsetzen
- auf Zehenspitzen
- Körper gerade halten

Ausführung

- Arme beugen
- Körper ablassen, bis die Brust den Boden berührt

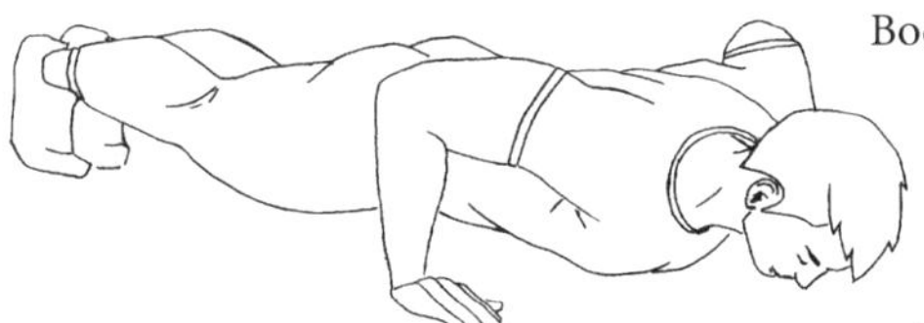

Ende

- hochdrücken, bis Arme gestreckt
- Brust und Trizepse kurz anspannen

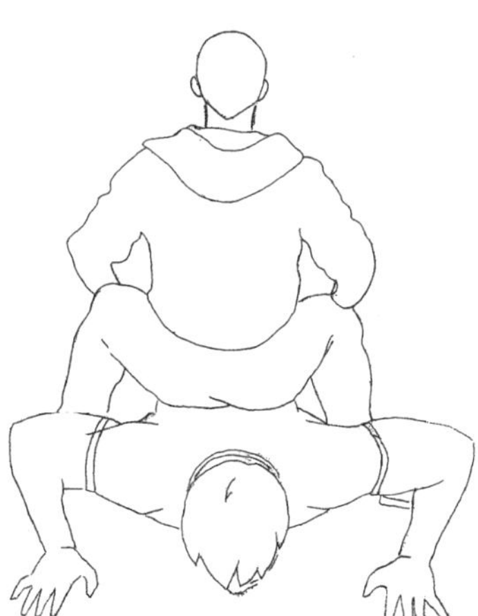

Mit Partnerhilfe

- Ausführung wie oben
- Partner setzt sich auf den oberen Rücken. »Gewicht« wird vermindert, indem der Partner die Bewegung mit seinen Beinen unterstützt. »Gewicht« wird schwerer, je geringer diese Unterstützung ausfällt

Sie die Füße auf den Zehenspitzen ruhen. Senken Sie durch Beugung der Arme den Oberkörper ab, bis die Brust fast den Boden berührt, bevor Sie sich bis zur Streckung der Arme wieder hochstemmen.

Zur Steigerung der Effektivität können Sie den Liegestütz mit erhöhten Füßen ausführen. Die Füße ruhen entweder auf einer Bank oder auf einem Sessel oder Stuhl. Das erschwert die Übung beträchtlich.

Die Trainingswirkung auf Brust- und Trizepsmuskeln kann man auch verbessern, wenn die Hände erhöht werden. Das erlaubt eine bessere Dehnung und im Anschluss eine stärkere Kontraktion. Legen Sie dafür etwas von der Dicke eines Telefonbuches unter jede Hand oder verwenden Sie spezielle Liegestützgriffe, um eine bessere Dehnung zu erzielen.

Wenn Sie das Gewicht erhöhen möchten, bitten Sie einen Trainingspartner, sich über Sie zu hocken, so dass sein Gesäß Ihren oberen Rücken berührt. Am besten zeigt sein Gesäß zu Ihrem Nacken und er schaut nach hinten. Ein leichtes Zusatzgewicht wird simuliert, indem der Trainingspartner mithilfe seiner Beinmuskulatur Ihre Aufwärtsbewegung unterstützt. Je weniger er seine Beine einsetzt, um Ihnen zu helfen, desto schwerer wird das »Gewicht«.

Überzug mit einer Kurzhantel

Der Überzug fordert den gesamten Oberkörper; er führt zu einer optimalen Dehnung und anschließend zu einer guten Kontraktion der Brustmuskulatur. Die Arme dienen dabei als »Hebel« und die Schultern als »Scharnier« für die Bewegung des Gewichts. Die Belastung verteilt sich auf die Brust- und die Rückenmuskulatur; auch die Sägemuskeln, die seitlich unterhalb der Rippen sitzen, werden gefordert. Zugegeben, die Bewegung ist nicht gerade angenehm auszuführen; vielleicht ist sie deshalb fast in Vergessenheit geraten. Doch die Kraftsportler früherer Tage schworen auf diese Übung, da sie nicht nur den Brustkorb weiten soll, sondern auch für Masse am Oberkörper sorgt.

Stellen Sie eine Kurzhantel senkrecht auf das Ende einer Bank. Legen Sie sich vorsichtig rücklings auf die Mitte der Bank, so dass die Schulterblätter

Übungen für die Brust – Überzug mit Kurz- und Langhantel

Sehr gute Dehnung und anschließend gute Kontraktion der Brustmuskeln; die Bizepssehne wird bei der Bewegung wenig belastet. Die Sägemuskeln und die Muskeln der Latissimus unterstützen die Bewegung.

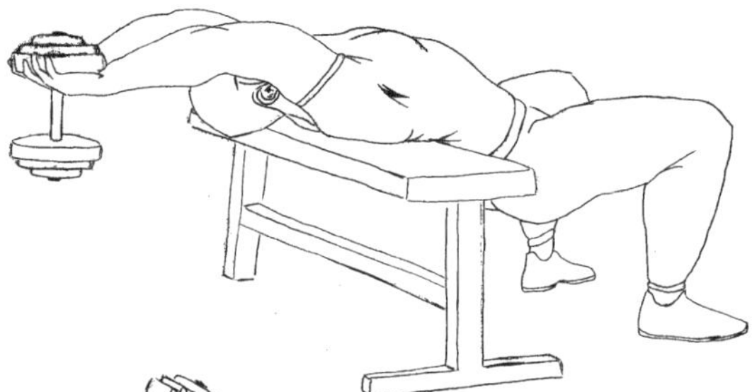

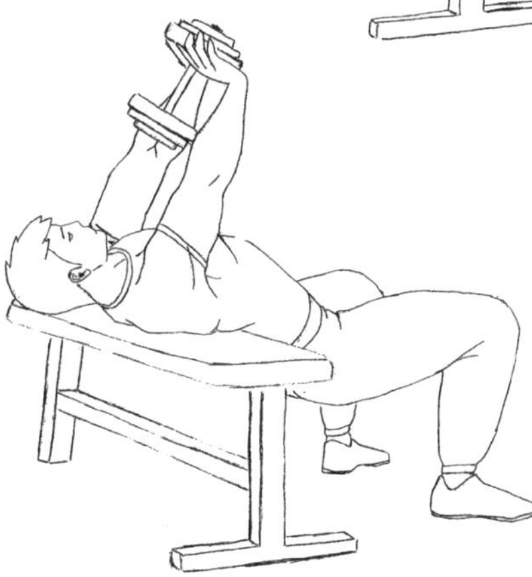

Start
- Eine Kurzhantel mit beiden Händen greifen
- Oberkörper rücklings mit Schultergürtel auf der Bank platzieren
- Kurzhantel durch Streckung der Arme hochstemmen
- Becken tief absenken

Ausführung
- Gewicht mit fast gestreckten Armen weit nach hinten absenken
- Dann mithilfe der Brustmuskeln wieder anheben und das Gewicht mit gestreckten Armen über den Kopf hinaus nach vorn führen

Ende
- Gewicht ruht auf den getreckten Armen über dem Solarplexus
- Brust bewusst fest angespannt

Überzug mit der Langhantel
- Langhantel schulterweit mit Obergriff fassen
- Ausführung wie oben

aufliegen. Kopf und Schultern ragen auf der einen Seite über die Bank hinaus; Bauch, Becken und Beine auf der anderen. Greifen Sie nun die Kurzhantel mit beiden Händen so, dass die Scheiben einer Seite innen auf Ihren Handflächen ruhen (die Hantelstange dafür zwischen Daumen und Zeigefinger nehmen); stemmen Sie das Gewicht über den Kopf. Um den Brustkorb optimal zu dehnen, wird nun das Becken tief abgesenkt, so, als wollten Sie mit dem Gesäß den Boden berühren. Diese Haltung wird während des ganzen Satzes beibehalten.

Lassen Sie nun das Gewicht langsam nach hinten ab, wobei Sie die Arme leicht anwinkeln; atmen Sie dabei tief ein. Wenn die Arme beinahe waagerecht liegen und Sie eine gute Dehnung der Brustmuskeln erreicht haben, ziehen Sie das Gewicht mit den Brustmuskeln wieder hoch und bringen es etwas über die Senkrechte hinweg nach vorn, bis die Brustmuskeln voll kontrahieren (die Hantel sollte sich etwa über dem Brustbein befinden). Dabei atmen Sie aus.

Überzug mit der Langhantel

Überzüge lassen sich auch mit einer Langhantel ausführen. Es kommt hier nicht auf eine gute Bizepskontraktion an, daher kann auch eine SZ-Stange gewählt werden. Greifen Sie die Hantelstange schulterweit mit Obergriff und bringen Sie diese vor die Brust, bevor Sie die Ausgangsstellung für Überzüge, wie oben geschildert, auf der Bank einnehmen. Das Gewicht wird hochgestemmt und mit tiefem Einatmen weit nach hinten und unten geführt – die Arme werden dabei nicht ganz gestreckt – bevor mit der Aufwärtsbewegung die Ausatmung einsetzt. Die Bewegung wird über die Senkrechte hinaus geführt und endet, wenn die Brust gut kontrahiert.

Fliegende Bewegung mit Kurzhanteln

Ein Klassiker aus Arnolds aktiven Zeiten. Zur Entwicklung der Brustmuskulatur aber längst nicht so gut geeignet, wie schwere Drückbewegungen. Das

Übungen für die Brust – Fliegende Bewegung

Gute Dehnung und Kontraktion der Brustmuskeln; die Bizepse und die vorderen Schultern unterstützen ein wenig. Bei Problemen mit der Bizepssehne besser den Überzug mit einer Kurzhantel wählen.

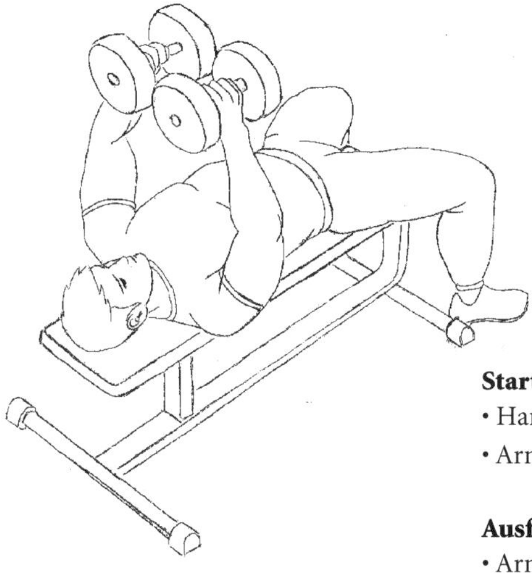

Start
- Handflächen zueinander
- Arme nicht ganz gestreckt

Ausführung
- Arme weit herablassen
- Dehnung in Brustmuskeln spüren
- und Gewichte wieder hochführen, »als würde man einen dicken Baum umarmen«

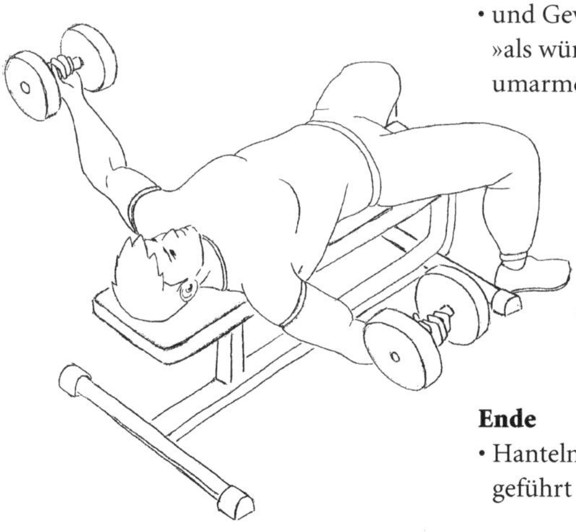

Ende
- Hanteln über der Brust zusammengeführt

Gewicht ist für ein effektives Training der starken Brustmuskeln einfach zu gering. Fliegende sind eher eine Isolationsübung für die Brust, da die Trizepse hier nicht mithelfen können. Allerdings unterstützen die Bizepse und die vorderen Deltamuskeln die Aufwärtsbewegung in geringem Maße. Die vollständige Dehnung der Pectoralis-Muskeln in der Ausgangsstellung führt zu einer guten Kontraktion in der Endposition.

Halten Sie in jeder Hand eine Kurzhantel, und legen Sie sich rücklings auf eine Bank. Stemmen Sie die Hanteln hoch über Ihre Brust, die Handflächen zeigen zueinander. Senken Sie nun die Arme im Bogen zu beiden Seiten so weit ab, bis Sie eine gute Dehnung in der Brustmuskulatur spüren. Die Arme werden bei der Abwärtsbewegung nicht gestreckt, sondern bleiben stets leicht gebeugt. Führen Sie nun die Gewichte über der Brust wieder zusammen; in Arnolds Worten »...als würden Sie einen mächtigen Baum umarmen«, indem Sie Zug mit den Brustmuskeln ausüben. Als Variation können Fliegende auch auf der Schrägbank oder auf der negativ geneigten Bank ausgeführt werden.

Fliegende Bewegung stehend am Kabel

Fliegende am Kabel über Kreuz sind in vielen Fitness-Studios eine beliebte Übung, von der Effektivität für die Brustmuskulatur allerdings noch fragwürdiger. Es kann nur wenig Gewicht eingesetzt werden und es helfen einfach zu viele andere Muskeln mit; besonders die Bizepse und die Rückenmuskulatur. Fliegende am Kabel eignen sich eigentlich nur als letzte Übung des Brusttrainings, wenn die Pectoralismuskeln schon sehr erschöpft sind.

Stellen Sie sich dafür in die beidseitige Kabelzugmaschine und nehmen sie auf beiden Seiten den Griff in die Hand. Treten Sie etwas vor und nehmen Sie für die Startposition die Schultern hoch und weit nach hinten, um die Brustmuskeln so gut wie möglich zu dehnen; der Oberkörper wird aufrecht gehalten. Führen Sie nun die leicht gebeugten Arme vor dem Körper zusammen, bis sich die Fäuste berühren. Im Verlauf der Bewegung bringen Sie die Schultern nach vorn und unten. Auch die Arme werden nach unten geführt; in der Endposition ist der Oberkörper leicht vorgebeugt.

Übungen für die Brust – Fliegende Bewegung stehend am Kabelzug

Weitgehender Einsatz der Brustmuskeln, besonders der inneren Partien. Doch die Belastung verteilt sich auch auf alle anderen Muskeln des Oberkörpers.

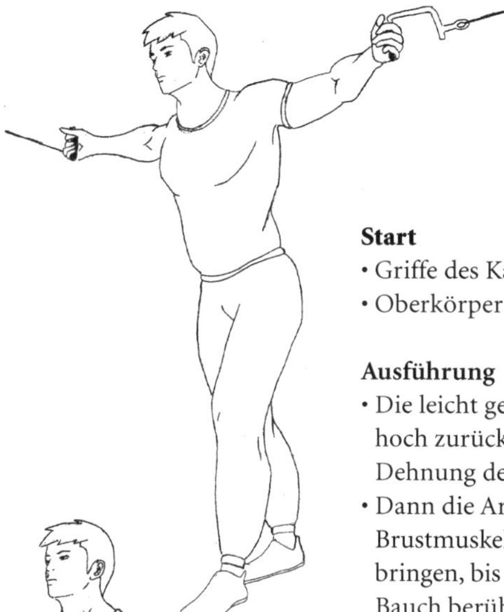

Start
- Griffe des Kabelzugs nehmen
- Oberkörper leicht vorbeugen

Ausführung
- Die leicht gebeugten Arme weit und hoch zurückführen, bis eine gute Dehnung der Brustmuskeln erreicht ist
- Dann die Arme durch Zug mit den Brustmuskeln nach vorn und unten bringen, bis sich die Hände vor dem Bauch berühren

Ende
- Oberkörper leicht vorgebeugt
- Schultern nach vorn und unten genommen
- Hände berühren sich, Brustmuskeln voll angespannt

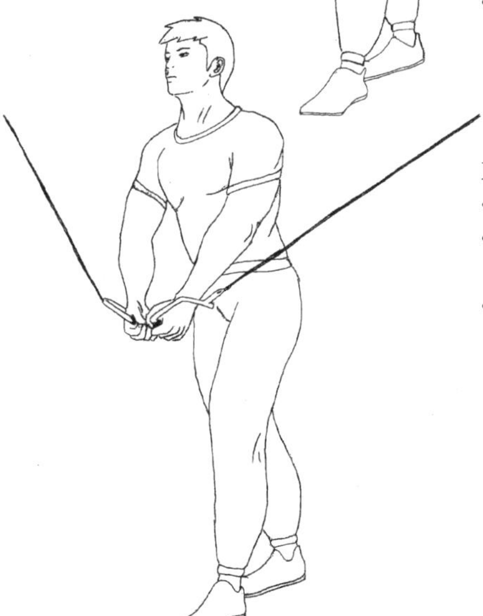

Einschätzung anderer Brustübungen

Bankdrücken auf der negativ geneigten Bank soll die unteren Partien der Brust stärker trainieren. Dem wäre allerdings entgegenzuhalten, dass das Drücken auf der flachen Bank dasselbe bewirkt, wenn die Hantelstange zu den Brustwarzen bzw. etwas oberhalb des Solarplexus herab geführt wird. Tief ausgeführte Dips mit ausgestellten Ellbogen trainieren den unteren Teil des Brustmuskels ebenfalls sehr intensiv.

Wenn Sie sich die Bodybuilder in Ihrem Fitness-Studio einmal genauer anschauen, werden Sie feststellen, dass die meisten von ihnen gerade den unteren Teil der Brustmuskeln recht gut entwickelt haben, während die oberen Partien oft weniger ausgeprägt sind. Vergeuden Sie also keine Zeit mit Bankdrücken auf der negativ geneigten Bank; achten Sie lieber darauf, Ihre Brustmuskulatur vollständig zu entwickeln – vor allem die oberen Partien mit Schrägbankdrücken und Drücken über Kopf (z.B. Frontdrücken und Schulterdrücken; siehe dazu unter »Übungen für die Schultern«).

Die Muskelköpfe der Schulter

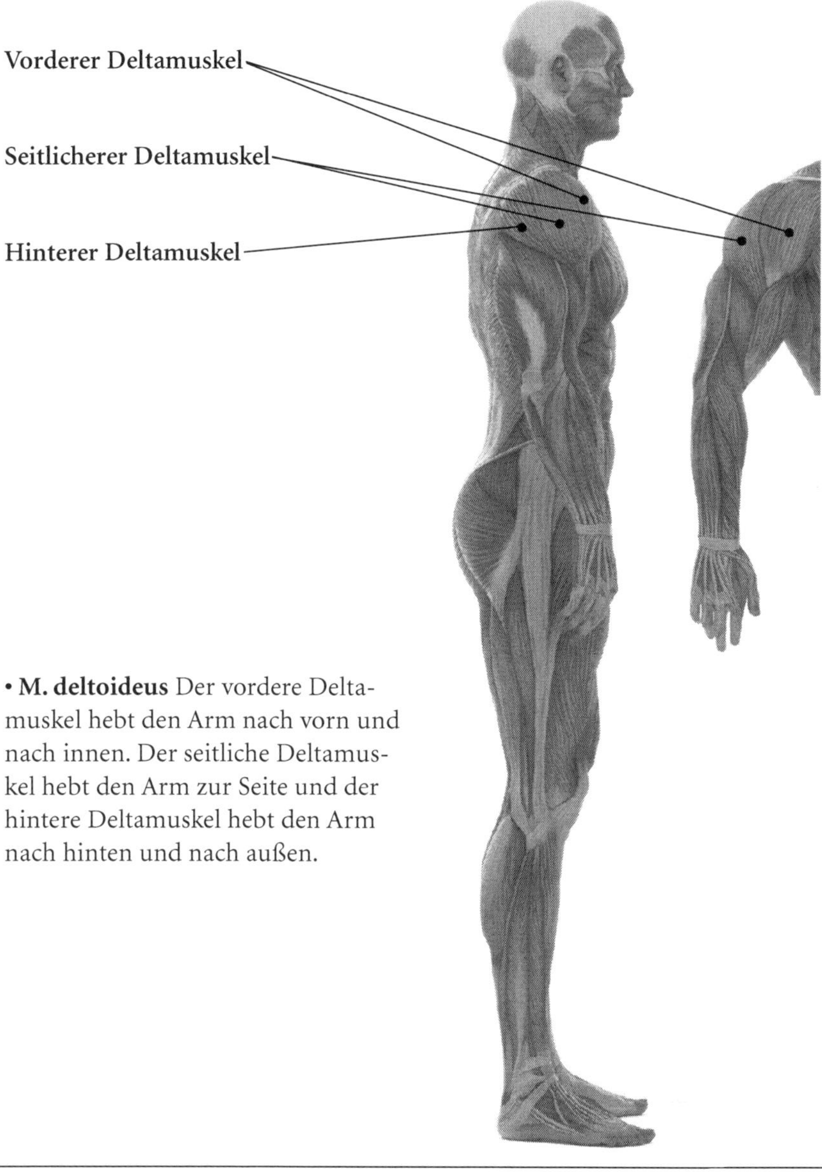

• **M. deltoideus** Der vordere Deltamuskel hebt den Arm nach vorn und nach innen. Der seitliche Deltamuskel hebt den Arm zur Seite und der hintere Deltamuskel hebt den Arm nach hinten und nach außen.

Effektivität der Übungen für die Schulter

Übung	Dehnung & Kontraktion	mögliches Gewicht	Einsatz von Synergisten	Wertung
• Dips vorgebeugt, Ellbogen eng am Körper *	+++	+++	+++	9
• Bankdrücken **				
- mit der Langhantel	++	+++	+++	8
- mit Kurzhanteln	++	+	+++	6
• Schrägbankdrücken **				
- mit der Langhantel	++	++	+++	7
- mit Kurzhanteln	++	+	+++	6
• Klimmzug ***				
- mit Parallelgriff	+++	++	++	7
- mit schulterweitem Untergriff	+++	++	+++	8
• Rudern				
- vorgebeugt mit der Langhantel ***	++	++	+++	8
- vorgebeugt mit Kurzhanteln ***	++	+	+++	7
- sitzend am Kabel mit Untergriff ***	+++	+	+++	7
- sitzend am Kabel mit Parallelgriff ***	+++	+	+++	7
- aufrecht mit der Langhantel, enger Obergriff ****	+++	+	+++	7
- aufrecht am Kabel mit engem Obergriff ****	+++	+	+++	7
• Latziehen ***				
- zur Brust mit Parallelgriff	+++	++	++	7
- zur Brust mit schulterweitem Untergriff	+++	++	+++	8
• Frontdrücken *				
- schulterweit mit der Langhantel	++	++	++	6
- mit Kurzhanteln	++	+	++	5
• Schulterdrücken mit Kurzhanteln und Drehung **	++	+	++	5

Effektivität der Übungen für die Schultern

* Trainiert vor allem den vorderen Kopf des Deltoids und weniger stark, den hinteren und seitlichen. Mit ausgestellten Ellbogen etwas weniger effektiv (aber immer noch sehr hart) für die Schultern.

** Trainiert vor allem den vorderen Kopf des Deltoids und weniger den seitlichen.

*** Trainiert vor allem den hinteren Kopf des Deltoids und weniger den seitlichen.

**** Trainiert vor allem den seitlichen Kopf des Deltoids und weniger stark, den vorderen und hinteren.

Übungen für die Schultern

Gut entwickelte Schultern wünscht sich so ziemlich jeder Bodybuilder. Dafür nehmen die meisten gern ein langes und kräftezehrendes Schultertraining in Kauf, ohne sich bewusst zu sein, dass sie der Entwicklung ihrer Schultern dadurch eher schaden.

Von allen Muskelgruppen ist die Schulterpartie diejenige, die am schnellsten übertrainiert werden kann. Sie ist relativ klein, muss aber beim Brusttraining bereits ganze Arbeit leisten; vor allem die vordere Schulter, und, etwas weniger, die seitliche werden gefordert. Alle Drückbewegungen für den Trizeps belasten diese Teile der Schultern noch weiter, nicht zu vergessen die Zugbewegungen, die beim Rückentraining ausgeführt werden. Hier ist es vor allem die hintere (und weniger, die seitliche) Schulterpartie, die stark gefordert wird. Bei allen Curls arbeiten die vorderen Schultern als Synergisten ebenfalls mit, wenn auch nicht so kräftig wie bei den Zug- und Drückbewegungen. Die Schultern erhalten also bereits ein Rundum-Training, ohne dass sie gezielt belastet werden.

Deswegen muss das spezielle Schultertraining so behutsam wie möglich geschehen, am besten nur mit ganz wenigen Sätzen pro Woche, um diese Muskelgruppe nicht zu überlasten. Dass eine übertrainierte Schulter das Muskelwachstum einstellt, muss wohl nicht noch betont werden: Das regelmäßige Training für die Schultern erreicht damit häufig das Gegenteil von

Die besten Übungen für die Schulter

Für den vorderen (und eingeschränkt, den seitlichen) Deltamuskel

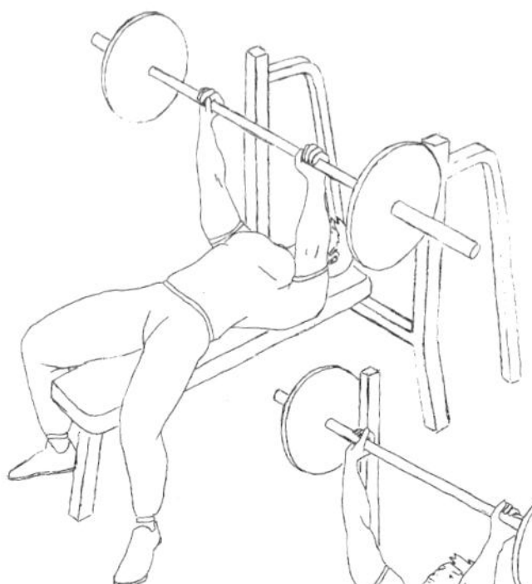

Bankdrücken
- mit der Langhantel
- mit Kurzhanteln

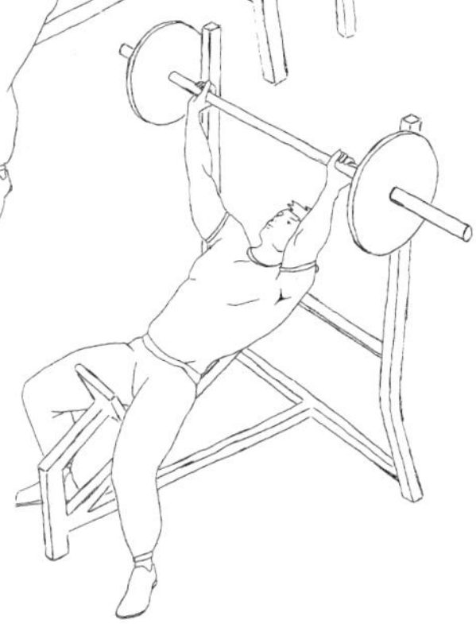

Schrägbankdrücken
- mit der Langhantel
- mit Kurzhanteln

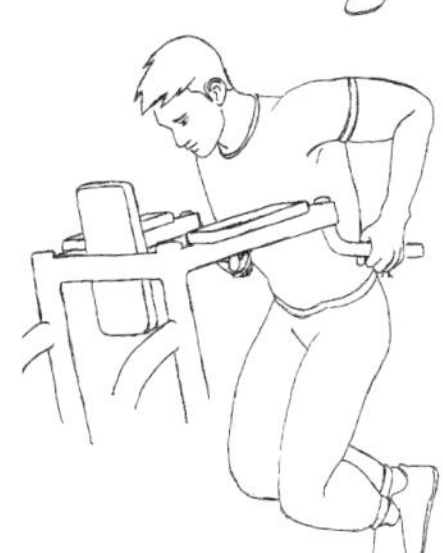

Dips
- vorgebeugt, Ellbogen ausgestellt
- aufrecht, Elbogen eng am Körper

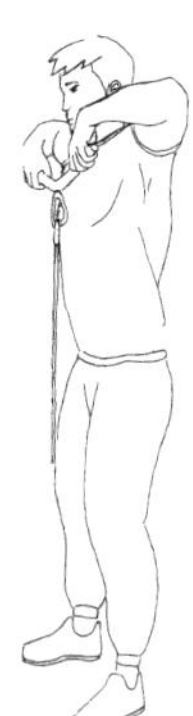

Für den seitlichen Deltamuskel

Rudern aufrecht
- am Kabel
- mit der Langhantel

Die besten Übungen für die Schulter

Für den hinteren (und eingeschränkt, den seitlichen) Deltamuskel

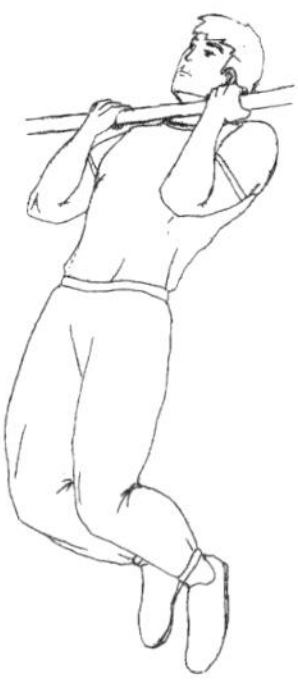

Klimmzug
- mit Parallelgriff
- mit schulterweitem Untergriff

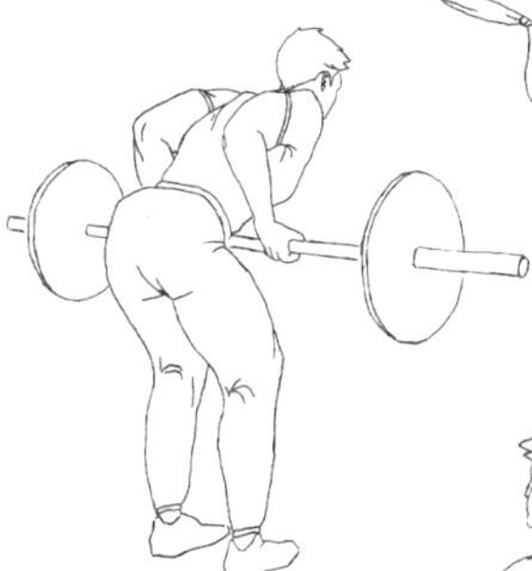

Rudern vorgebeugt
- mit schulterweitem Untergriff
- mit weitem Obergriff

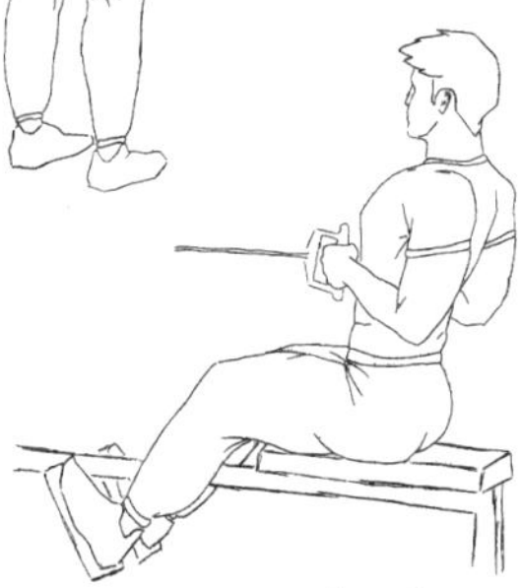

Rudern sitzend am Kabel
- mit Parallelgriff
- mit schulterweitem Untergriff

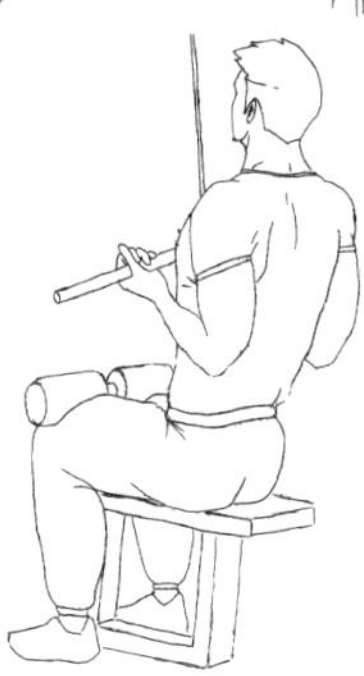

Latziehen
- mit Parallelgriff
- mit schulterweitem Untergriff

dem, was angestrebt wird. Durch Überforderung der Schultern kommt es auch zu langwierigen Verletzungen, die den Trainingsfortschritt erheblich behindern können. Bestimmt gibt es auch in Ihrem Fitness-Studio einen Bodybuilder, der Probleme mit der Bizepssehne im Schulterbereich hat und deswegen nur unter Schmerzen schwere Drückbewegungen trainieren kann. Diese bei Kraftsportlern häufige Verletzung ist nur selten auf unzureichendes Aufwärmen zurückzuführen; sie wird – neben der Belastung durch schweres Bankdrücken mit der Langhantel – durch eine überforderte Schultermuskulatur häufig verschlimmert.

Vorsicht also beim Schultertraining: Führen Sie nicht mehrere Sätze von schweren Schulterübungen (d.h. Frontdrücken), aus wenn Sie am gleichen Tag schon die Brust oder den Trizeps ausgiebig trainiert haben. Selbst an den anderen Tagen sollten Sie schwere Schulterübungen nur mit Bedacht einsetzen. In den meisten Fällen reichen neben Dips, Bankdrücken und Klimmzügen sowie Ruderübungen nur wenige Sätze der leichteren Schulterübungen pro Woche aus, um diese Körperpartie komplett zu entwickeln. Das bedeutet, das reine Schultertraining kann auf wenige Sätze Schulterdrücken oder Rudern aufrecht, jeweils mit mittlerem Gewicht, pro Woche (!) beschränkt werden. Diese beiden Übungen fordern besonders den seitlichen Bereich der Schultern, der bei den Drück- und Zugbewegungen nicht so stark belastet wird. Probieren Sie es aus: Ihre Schultern werden so besser wachsen!

Zur Ausführung von Dips und Bankdrücken siehe unter »Übungen für die Brust) und Klimmzügen, Latziehen sowie den Ruderübungen unter »Übungen für den Rücken«.

Frontdrücken

Das Frontdrücken, bzw. Drücken über Kopf (engl. Military Press) ist nach Dips, Bankdrücken und Schrägbankdrücken die beste Übung für die Entwicklung der Schultern. Beim Drücken über Kopf unterstützen die Trizepse und die obere Brust; so kann relativ viel Gewicht bewegt werden. Vor allem die vorderen und weniger stark, die seitlichen Köpfe der Deltamuskeln

Übungen für die Schulter – Frontdrücken

Voller Einsatz der vorderen Deltamuskeln, die seitlichen werden weniger belastet; Trizepse und obere Brustmuskeln helfen kräftig mit. Die Muskeln des oberen Rückens sind unterstützend beteiligt; die des unteren stabilisieren. Die Griffweite kann auch weiter ausfallen, dann wird die obere Brust stärker beteiligt.

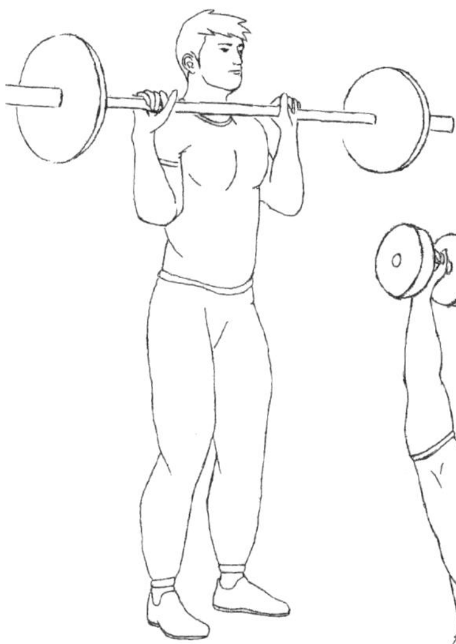

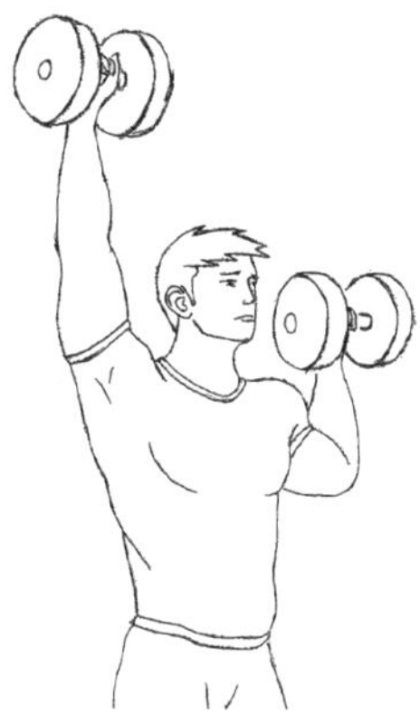

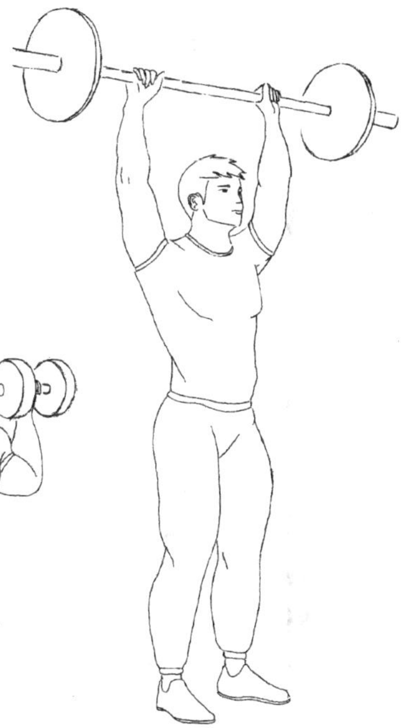

Start

- Schulterweiten Stand einnehmen und vorbeugen
- Stange mit schulterweitem Griff fassen
- Aufrichten, dabei Gewicht durch Einsatz der Beine und Arme in Vorhalte bringen
- Hantel ruht in Schulterhöhe auf den Händen, Ellbogen unter der Stange

Ausführung

- Tief einatmen
- Gewicht über Kopf drücken, bis die Arme gestreckt sind; dabei ausatmen

Ende

- Hantel in der obersten Position kurz halten, Schultern bewusst anspannen
- Dann langsam ablassen und in die Ausgangsstellung bringen

Mit Kurzhanteln

- Ausführung wie oben
- Kurzhanteln zusammen oder abwechselnd nach oben drücken

werden belastet. Da diese Übung im Stand ausgeführt wird, kommen auch der Rücken und die Beine, das Gesäß, der untere Rücken und andere Muskeln ins Spiel. Die Ausführung im Sitzen ist natürlich ebenfalls möglich, doch schränkt sie die Trainingswirkung für den gesamten Körper deutlich ein.

Stellen Sie sich aufrecht vor eine auf dem Boden liegende Langhantel. Der Stand sollte so weit sein, dass Sie während der anschließenden Übung mühelos das Gleichgewicht halten können. Beugen Sie sich in der Hüfte vor und umfassen Sie die Stange mit schulterweitem Obergriff (als Variation kann auch ein weiterer Griff gewählt werden, doch können so die Trizepse weniger unterstützen und die obere Brust kommt stärker ins Spiel). Nehmen Sie die Hantel vom Boden auf und bringen Sie das Gewicht vor die Brust.

In der Ausgangsposition ruht die Hantel in Schulterhöhe auf den Händen, der Kopf ist leicht zurückgenommen, die angewinkelten Ellbogen sind unter der Stange und das Gewicht wird von den Armen getragen. Halten Sie Ihren Oberkörper so aufrecht wie möglich und die Knie durchgedrückt. Atmen Sie tief ein, um den Körper zu stabilisieren. Drücken Sie nun das Gewicht langsam über den Kopf, bis die Arme gestreckt sind; atmen Sie gleichzeitig aus. Halten Sie die Hantel für einen Moment ruhig im Gleichgewicht und lassen Sie sie dann langsam und kontrolliert in die Ausgangsstellung herab; atmen Sie dabei wieder ein. Beginnen Sie sofort mit der nächsten Wiederholung. Die Hantel wird erst nach Absolvierung der vorgegebenen Wiederholungszahl am Boden abgelegt.

Halten Sie den Oberkörper stets so aufrecht wie möglich und lehnen Sie sich nicht nach hinten, so reduzieren Sie die Belastung für den unteren Rücken. Zum Ende eines Satzes können Sie zusätzliche Wiederholungen erzwingen, indem Sie etwas Schwung aus den Beinen holen. Doch Vorsicht, nur leicht nachhelfen; hier ist volle Konzentration gefordert! Um Verletzungen vorzubeugen, sollte für das Drücken über Kopf bei mittlerem und schwerem Gewicht unbedingt ein Gürtel angelegt werden. Selbst wenn bei den letzten Wiederholungen nur sehr leicht Schwung geholt wird, wirken große Kräfte auf die Wirbelsäule.

Das Drücken über Kopf kann auch mit Kurzhanteln durchgeführt werden. Allerdings muss dafür das Gesamtgewicht der beiden Kurzhanteln gegenüber der Ausführung mit der Langhantel reduziert werden. Für eine saubere Bewegung ist die abwechselnde Ausführung der Drückbewegung anzuraten: Eine Hantel ruht in Vorhalte, während die andere jeweils nach oben bewegt wird. Letztlich ist aber das Schulterdrücken die bessere Alternative zum Drücken über Kopf mit Kurzhanteln.

Schulterdrücken

Das Schulterdrücken (engl. Arnold Press) ist eine Variante des Kurzhanteldrückens über Kopf, die eine Drehung der Arme beinhaltet. So werden die seitlichen Schultermuskeln gezwungen, stärker zu kontrahieren. Diese Schulterübung soll von Arnold Schwarzenegger in das Bodybuilding eingeführt worden sein.

Zur Ausführung des Schulterdrückens setzen Sie sich rittlings auf eine Bank. Nehmen Sie eine Kurzhantel in jede Hand und halten Sie diese vor den Schultern, so dass die Handflächen zum Körper zeigen und die Daumen nach außen. Drücken Sie die Gewichte abwechselnd nach oben, wobei Sie die Hand nach außen drehen. In der obersten Position zeigt der Daumen nach innen und die Handfläche nach vorn. Lassen Sie dann die Hantel langsam wieder zur Schulter herab und drehen Sie den Unterarm dabei in die Ausgangsposition zurück. Der Oberkörper muss stets aufrecht gehalten werden.

Rudern aufrecht mit der Langhantel

Rudern im Stand gilt eigentlich als eine Rückenübung, die neben dem Trapezmuskel auch die Schultern fordert. Tatsächlich ist aber das aufrechte Rudern mit der Langhantel, ebenso wie am Kabelzug, für die Entwicklung der seitlichen Köpfe der Schultermuskeln am besten geeignet. Diese Ruderbewegung schlägt das weitverbreitete Seitheben mit Kurzhanteln um Längen, was die Effektivität angeht. Ebenso wie beim Frontdrücken durch die Trizepse sorgen

Übungen für die Schulter – Schulterdrücken mit Kurzhanteln

Voller Einsatz der vorderen Deltamuskeln, die seitlichen Muskelköpfe werden durch die Armdrehung weitgehend mit einbezogen. Die Trizepse unterstützen kräftig, der Trapezmuskel wird stärker beteiligt, als beim Frontdrücken mit der Langhantel.

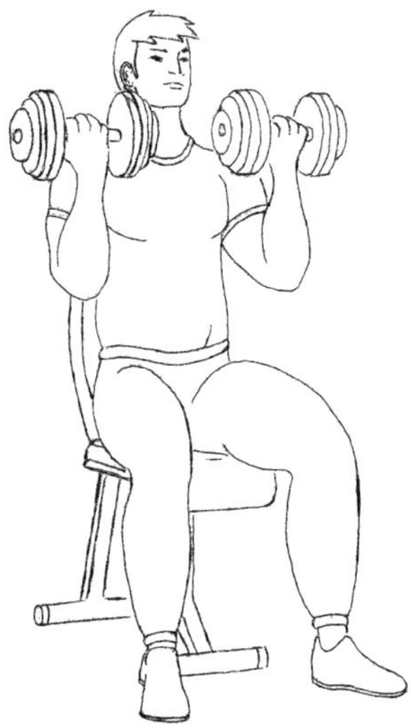

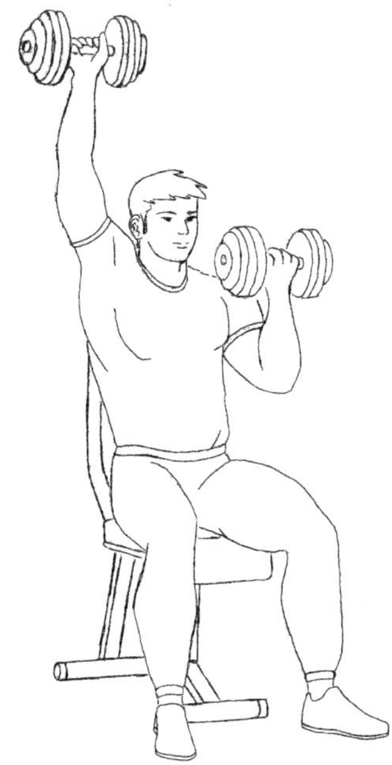

Start

- Auf der Bank sitzend Kurzhanteln aufnehmen und vor die Schultern bringen
- Position der Arme wie in Endstellung des Langhantelcurls: Handflächen zum Körper, Daumen nach außen

Ausführung

- Tief Einatmen
- Hanteln abwechselnd hochdrücken, dabei ausatmen
- Bei der Aufwärtsbewegung die Hand jeweils nach außen drehen

Ende

- In der oberen Position zeigt der Daumen nach innen und die Handfläche nach vorn
- Schulter kurz fest anspannen
- Gewicht langsam wieder ablassen, dabei Unterarme in Ausgangsposition zurückdrehen

auch hier unterstützende Muskeln dafür, dass mehr Gewicht für das Training der seitlichen Schulter eingesetzt werden kann; beim aufrechten Rudern sind es der Trapez, die Bizepse und Unterarme.

Halten Sie eine Langhantel im engen Obergriff, so dass die Daumen die Hantelstange nicht umschließen. Stehen Sie aufrecht und strecken Sie die Arme durch. Ziehen Sie die Hantel in einer langsamen, fließenden Bewegung nahe am Körper herauf, bis die Hantelstange fast das Kinn berührt. Achten Sie darauf, dass die Ellbogen in der obersten Position immer höher gehalten werden als die Handgelenke, bevor Sie das Gewicht wieder absenken. Auf diese Weise belasten Sie die seitlichen Schultern und den oberen Rücken effektiver.

Stehen Sie bei der gesamten Übung aufrecht; beugen Sie sich weder vor noch zurück. Wenn bei dieser Übung Schmerzen in den Handgelenken auftreten, benutzen Sie Kurzhanteln dafür. Das erlaubt eine freiere Haltung der Handgelenke und löst das Problem in den meisten Fällen.

Rudern aufrecht am Kabelzug

Rudern aufrecht kann auch am Kabelzug ausgeführt werden. Die Ausführung dieser Variante der Übung ist dieselbe wie mit der Langhantel: Gerade stehen, möglichst eng fassen und die Stange nahe am Körper zum Kinn hochziehen. Die Ellbogen in der oberen Position so hoch wie möglich heben, damit die Schultermuskulatur stark kontrahieren kann.

Das aufrechte Rudern ist ein Geheimtipp für die Entwicklung der Schulterbreite. Die seitlichen Köpfe des Deltamuskels werden dabei noch stärker gefordert, wenn die Ausführung, vor allem die Abwärtsbewegung, betont langsam geschieht.

Einschätzung anderer Schulterübungen

Die in anderen Trainingsbüchern immer noch aufgeführten klassischen Schulterübungen wie Frontheben für die vordere Schulter, Seitheben für

Übungen für die Schulter – Rudern aufrecht am Kabel/mit Langhantel

Beste Übung für den seitlichen Deltamuskel, die vorderen und hinteren Köpfe werden weniger gefordert. Der Trapez, die Bizepse und die Unterarme helfen kräftig mit.

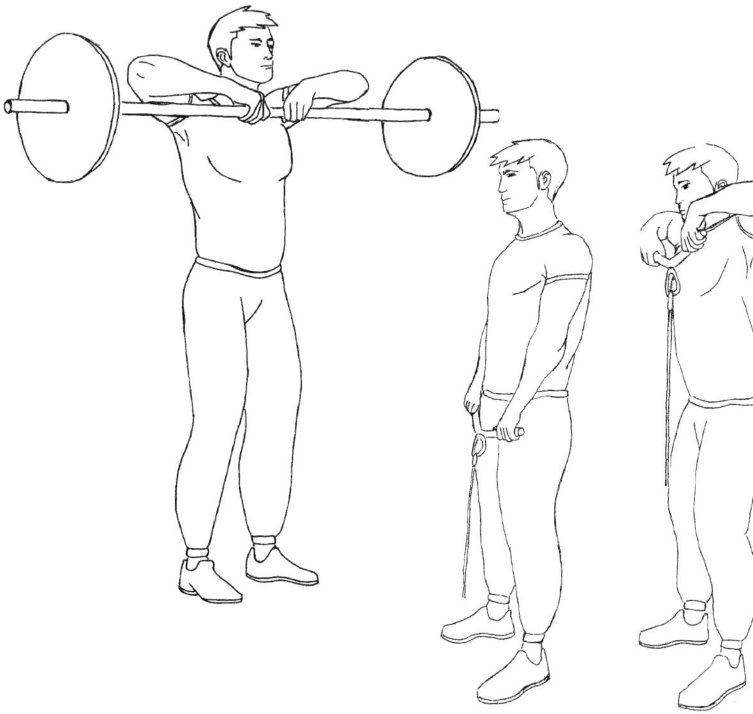

Start
- Stange mit engem Obergriff fassen, Daumen umschließen Stange nicht
- Aufrecht stehen, Arme voll strecken

Ausführung
- Stange langsam bis zum Schlüsselbein bzw. Kinn hochziehen

Ende
- Ellbogen höher bringen als die Hände
- Gewicht in der oberen Position kurz halten
- Dabei Schultern kurz fest anspannen

Rudern aufrecht mit der Langhantel
- Ausführung wie oben

die seitliche und vorgebeugtes Seitheben für die hintere Schulter können Sie vergessen – nichts als Zeitverschwendung. Die hohe Isolation der jeweiligen Schulterpartie erlaubt jeweils nur wenig Gewicht und dadurch eine geringe Trainingswirkung.

Auch das beliebte Nackendrücken sollten Sie besser aus Ihren Trainingsplänen streichen. Es ist unter erfahrenen Bodybuildern kein Geheimnis, dass es wohl keine andere Übung gibt, die so viele Verletzungen verursacht hat, wie diese. Um die Langhantel hinter dem Kopf zum Nacken herunterzuführen, muss der Schulterbereich derart überdehnt werden, dass es auf die Dauer (und vor allem mit höheren Gewichten) einfach zu Sehnen- und Gelenkschäden kommen muss.

Die Muskelköpfe des Bizeps

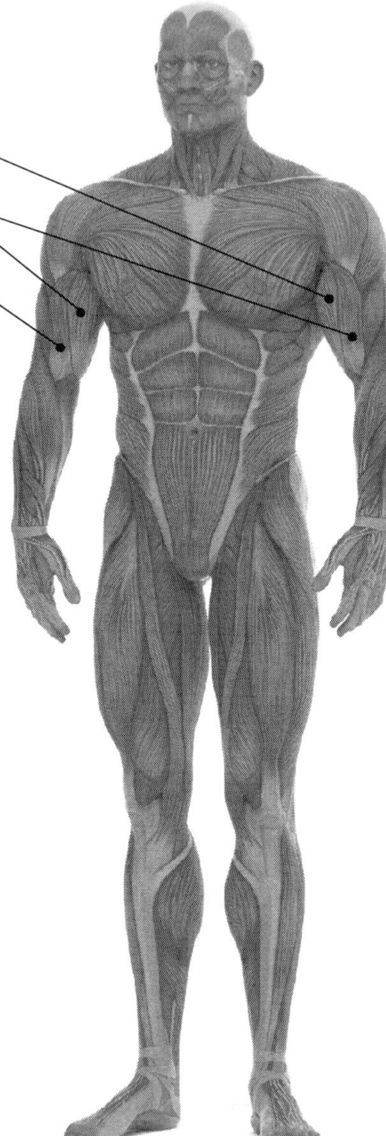

• **M. bizeps brachii** Der zweiköpfige Oberarmmuskel hat einen vorderen oder inneren Kopf. Die obere Partie dieses Muskels beugt den Ellbogen und hebt den Arm zur Schulter; die untere Partie dreht die Hand. Der äußere (lange) Kopf ist an beiden Bewegungen beteiligt.

Übungen für den Bizeps

Das Bizepstraining zählt zu den Favoriten der meisten Bodybuilder. Leider übersehen sie dabei nur zu oft, dass die Bizepse relativ kleine Muskeln sind, die leicht übertrainiert werden können. Ein überforderter Muskel kann aber nicht wachsen. Trainieren Sie die Bizepse also besser mit wenigen Sätzen, statt ihr Wachstum durch zu viele Sätze zu gefährden. Vergessen Sie nicht, dass die Bizepse bereits bei allen schweren Zug- und Ruderübungen für den Rücken maßgeblich beteiligt sind.

Schweres Rückentraining, vor allem Klimmzüge mit Untergriff (oder Latziehen, wenn Sie dafür noch nicht stark genug sind) sind in Bezug auf die Trainingswirkung für den Bizeps viel besser als der Langhantelcurl, da mehr Gewicht eingesetzt werden kann. Ebenso verhält es sich mit dem vorgebeugten Rudern mit der Langhantel und Untergriff (eine der Lieblingsübungen von Dorian Yates, dem sechsfachen Mr. Olympia) – obwohl die Armhaltung nicht so effektiv erscheint, muss der Bizeps doch vor allem zu Beginn der Zugbewegung sehr hart arbeiten. Entsprechend stehen der Klimmzug und das vorgebeugte Rudern mit Untergriff ganz vorn auf der Liste der effektivsten Übungen für den Bizeps, gefolgt vom Latziehen mit Untergriff. Darauf folgen die Rückenübungen mit Parallelgriff: Obwohl die Bizepse mit dieser Handstellung nicht optimal kontrahieren werden sie stark gefordert, allein durch das höhere Gewicht, das durch die unterstützenden Muskeln des Rückens und der hinteren Deltamuskeln bewältigt wird (zur Ausführung von Klimmzügen, Rudern und Latziehen mit Untergriff bzw. Parallelgriff siehe unter »Übungen für den Rücken«).

Das spezielle Bizepstraining kann deshalb recht kurz ausfallen; die Betonung sollte hier eher auf mittlerem bis leichten Gewicht und sehr korrekter Ausführung liegen. Das Ziel sollte es sein, den Bizepsen so durch Drehbewegung der Arme beim Kurzhantelcurl oder Konzentrationscurl den letzten Schliff zu geben, als mit schwerem Gewicht und vielleicht schlechterer Form diese Muskelgruppe überzutrainieren. Daher ist zu beachten, dass der relativ schwere Langhantelcurl nicht am gleichen Tag wie ein schweres Rückentraining ausgeführt werden sollte. Wenige Sätze mit Kurzhantelcurls sind in

Effektivität der Übungen für den Bizeps

Übung	Dehnung & Kontraktion	mögliches Gewicht	Einsatz von Synergisten	Wertung
• Klimmzug mit schulterweitem Untergriff *	+++	+++	+++	9
• Rudern vorgebeugt, Langhantel im schulterweiten Untergriff **	+++	++	+++	8
• Latziehen mit schulterweiten Untergriff	+++	++	+++	8
• Langhantelcurl	+++	++	+	6
• Kurzhantelcurl mit Armdrehung, sitzend	+++	+	+	5
• Reevescurl sitzend	+++	+	+	5
• Konzentrationscurl				
- stehend mit Armdrehung ***	+++	+	+	5
- sitzend	+++	+	+	5

* Am besten für den Bizeps; beide Köpfe dieses Muskels werden mit höherem Gewicht gefordert, als es mit Langhantelcurls jemals möglich wäre, weil der sehr kräftige Latissimus mithilft, ebenso die Muskelköpfe der Schultern. Latziehen und Rudern vorgebeugt mit schulterweitem Untergriff, die etwas weniger Gewicht erlauben, folgen gleich danach.

** Mit Obergriff weniger effektiv für den Bizeps, weil nur der lange (äußere) Kopf des Bizeps voll mitarbeitet, der kurze Kopf dieses Muskels aber nur wenig. Für den Parallelgriff beim Klimmzug gilt dasselbe.

*** Effektiver als die sitzende Variante, da der Oberarm nicht abgestützt wird und so mehr Muskeln des Oberkörpers stabilisieren müssen.

diesem Fall als ergänzende Übungen besser geeignet; die schwere Arbeit für den Bizeps wurde ja bereits beim Rückentraining geleistet.

Auch die Curlbewegung ist nicht so simpel, wie viele Bodybuilder glauben. Jeder weiß, dass der Bizeps den Unterarm beugt. Doch kaum jemand kennt die wichtigste Funktion dieses Oberarmmuskels: die Supination oder das Drehen der Handfläche nach vorn. Am rechten Arm dreht der Bizeps die

Die besten Übungen für den Bizeps

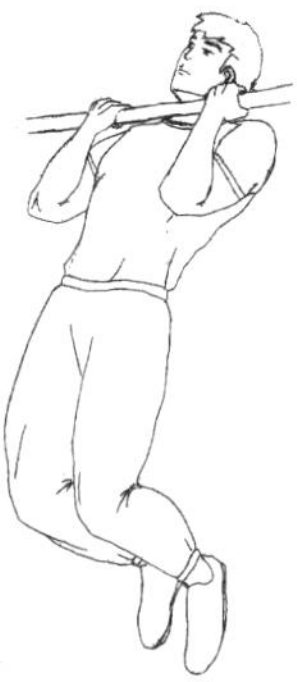

Klimmzüge mit schulterweitem Untergriff

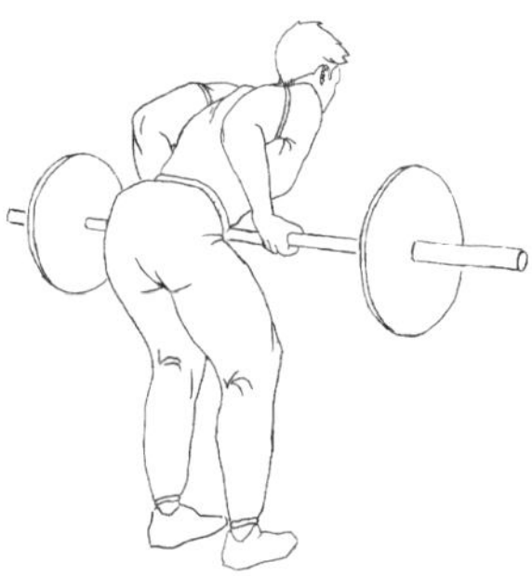

Rudern vorgebeugt mit Untergriff

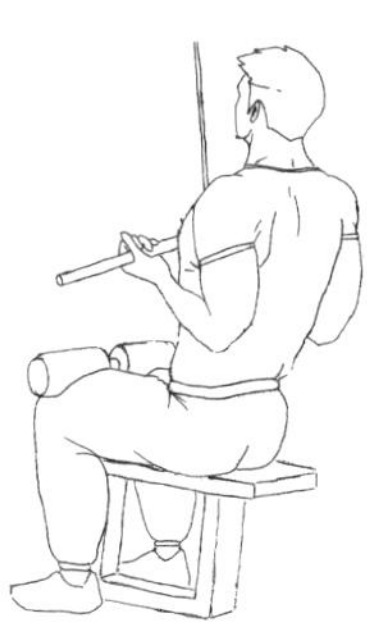

Latziehen mit Untergriff

Hand im Uhrzeigersinn; am linken Arm gegen den Uhrzeigersinn.

Beugen Sie doch einmal Ihren Unterarm so weit wie möglich gegen den Oberarm, während die Handfläche nach oben zeigt. Fühlen Sie mit der anderen Hand den Bizeps: Sie werden feststellen, dass der Bizeps nicht richtig kontrahiert, obwohl der Arm voll gebeugt wurde. Mit anderen Worten, der Bizeps hat nur einen Teil seiner Funktion ausgeübt.

Wenn Sie aber nun die Handfläche des gebeugten Arms nach außen drehen, dann fühlen Sie, wie der Bizeps voll kontrahiert. Eine komplette Kontraktion des Bizeps geschieht also nur mit einer Drehung der Hand und des Unterarms, sowie dem Abknicken der Faust, die die Hantel hält.

Deshalb können Sie auch mit Untergriff mehr Gewicht curlen, als mit Obergriff. Bei reversen (umgekehrten) Curls, bei denen die Hantel mit Obergriff gehalten wird, kann der Bizeps keine Drehung ausführen und wird so von einer vollständigen Kontraktion abgehalten. Das heißt aber auch, dass nicht alle Muskelfasern des Bizeps zur Arbeit gezwungen werden.

Daher ist der Einsatz einer SZ-Stange für Bizeps-Curls auch nicht so effektiv. Bei der SZ-Stange werden die Hände in der Mittelstellung der Armdrehung fixiert und der Bizeps kontrahiert wiederum nicht richtig. Nur beim Einsatz einer geraden Stange für Curls, die mit Untergriff gehalten wird, müssen die Unterarme weitgehend nach außen gedreht werden. So werden mehr Muskelfasern im Bizeps aktiviert. Sie sollten also beim Training nach Möglichkeit immer die gerade Stange wählen, auch wenn Curls mit der SZ-Stange angenehmer auszuführen sind. Streng betrachtet, erleichtert sie die Übung. Doch die korrekte, wenn auch schwerere Ausführung einer Übung löst stärkere Wachstumsreize aus.

Langhantelcurl

Stehen Sie aufrecht und halten Sie eine beladene Langhantel mit etwa schulterweitem Untergriff vor dem Körper. Lassen Sie Ihre Schultern etwas nach vorn herabhängen, die Arme sind ganz durchgestreckt. Heben Sie nun das Gewicht durch Zug mit den Bizepsen bis auf Schulterhöhe, ohne mit dem

Übungen für den Bizeps – Langhantelcurl

Voller Einsatz des vorderen Bizepskopfes, der seitliche Kopf wird nicht ganz so stark gefordert. Der vordere Deltamuskel unterstützt; zu einem geringeren Teil arbeiten auch die seitlichen und hinteren Köpfe des Deltamuskels mit.

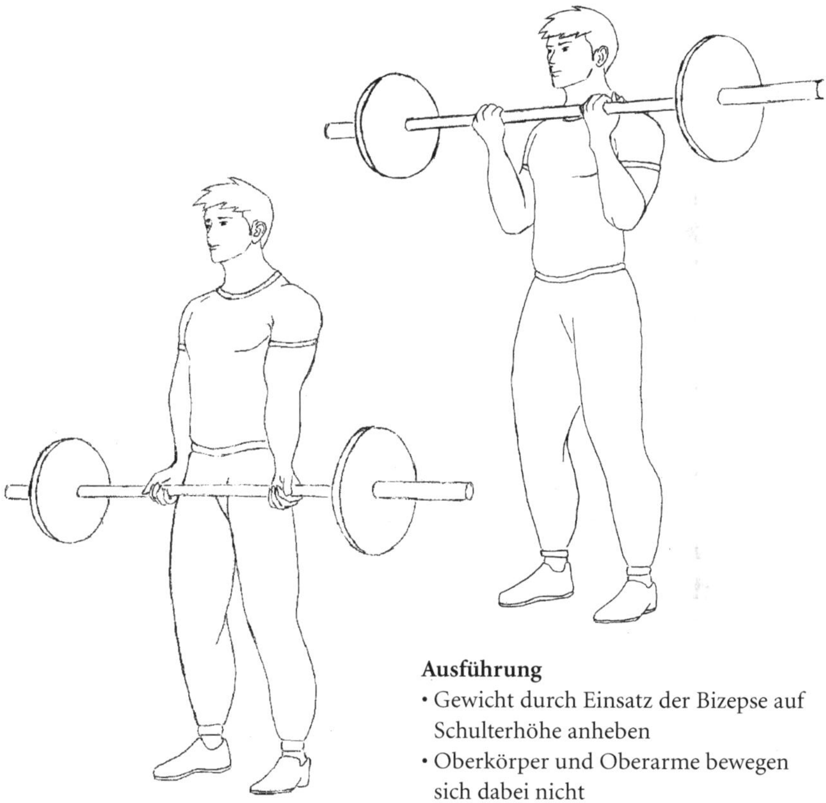

Ausführung
- Gewicht durch Einsatz der Bizepse auf Schulterhöhe anheben
- Oberkörper und Oberarme bewegen sich dabei nicht

Start
- Aufrecht stehen, Hantel mit schulterweitem Griff vor dem Körper herabhängen lassen
- Arme voll strecken

Ende
- in der oberen Position versuchen, die Hände zum Körper hin zu beugen, um Bizepse voll zu kontrahieren
- Bizepse kurz fest anspannen

Körper Schwung zu holen; die Oberarme bleiben dabei am Körper angelegt. In der obersten Position werden die Hände leicht zum Körper hin gebeugt, um die Bizepse voll zu kontrahieren. Halten Sie die Kontraktion für einen Augenblick, bevor Sie die Abwärtsbewegung einleiten.

Lehnen Sie sich bei der Bewegung weder vor noch zurück, sondern halten Sie den Oberkörper so ruhig wie möglich. Wenn Sie das Gewicht wieder ablassen, strecken Sie auch die Arme wieder durch; so wird der Bizeps optimal gedehnt und kann danach besser kontrahieren.

Viele Bodybuilder mögen die vollständige Armstreckung gar nicht. Sie lassen das Gewicht vielmehr nur zu zwei Dritteln ab, um es dann bereits wieder anzuheben. Das erleichtert die Ausführung des Curls erheblich, aber es verschenkt den besten, weil effektivsten Teil der Bewegung. Wählen Sie lieber etwas weniger Gewicht, dafür aber die korrekte Ausführung der Übung; Ihre Bizepse werden sich so besser entwickeln.

Kurzhantelcurl mit Armdrehung, sitzend

Von der Effektivität her sind sitzende Kurzhantelcurls etwa in der Mitte der Effektivitätsskala einzuordnen. Klimmzüge, Rudern und alle anderen Curlbewegungen, bei denen mit beiden Armen und schwerem Gewicht gearbeitet wird, bauen die Bizepse schneller auf.

Setzen Sie sich auf das Ende einer Flachbank; rechts und links eine Kurzhantel in der Hand. Heben Sie abwechselnd die Gewichte durch Zug mit dem Bizeps zur Schulter. Kurzhantelcurls erlauben eine volle Supination der Hand und damit eine vollständige Bizepskontraktion, das sollten Sie unbedingt ausnutzen: Zu Beginn der Bewegung zeigt der Daumen der Griffhand nach hinten. Während Sie die Hantel anheben, drehen Sie den Unterarm langsam nach außen. Am Ende der Bewegung, in der obersten Position, zeigt der Daumen nach außen und schräg nach vorn. Jetzt knicken noch die Faust zum Bizeps hin ab und Sie spüren, wie der Bizeps voll kontrahiert. Die Bewegung ist etwas ungewohnt und muss einige Male trainiert werden, bis sie in Fleisch und Blut übergeht.

Übungen für den Bizeps – Kurzhantelcurl mit Armdrehung

Voller Einsatz beider Muskelköpfe des Bizeps. Die vordere Schulter unterstützt die Bewegung. Die Ausführung sollte abwechselnd geschehen, um sich voll auf den jeweils bewegten Arm konzentrieren zu können.

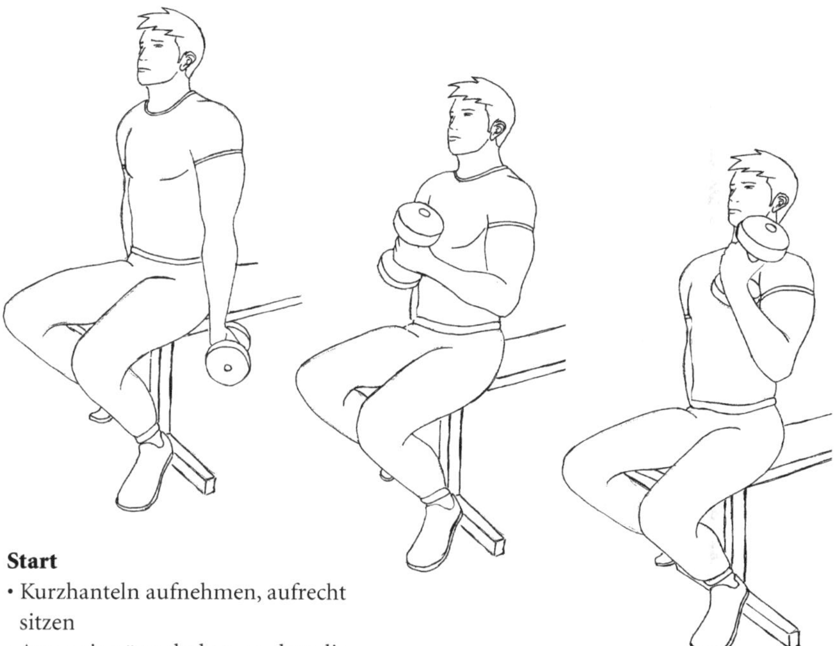

Start

- Kurzhanteln aufnehmen, aufrecht sitzen
- Arme einwärts drehen, so dass die Daumen nach hinten zeigen

Ausführung

- Mit einem Arm beginnen: Gewicht langsam anheben
- Dabei den Unterarm nach außen drehen, der Oberarm bewegt sich nicht
- In der oberen Position zeigt der Daumen nach außen und schräg nach vorn

Ende

- Zuletzt Faust zum Bizeps hin abknicken, um den Muskel voll anzuspannen
- Kontraktion für einen Moment halten, bevor das Gewicht mit Armdrehung nach aussen wieder in die Ausgangsposition abgelassen wird.

Übungen für den Bizeps – Reevescurl

Sehr gute Dehnung und Kontraktion des vorderen Bizepskopfes; der seitliche Kopf wird mit Armdrehung stärker gefordert. Die vorderen Schulterköpfe unterstützen die Bewegung. Die Ausführung kann abwechselnd mit Armdrehung oder – ohne Armdrehung – mit beiden Armen gleichzeitig erfolgen.

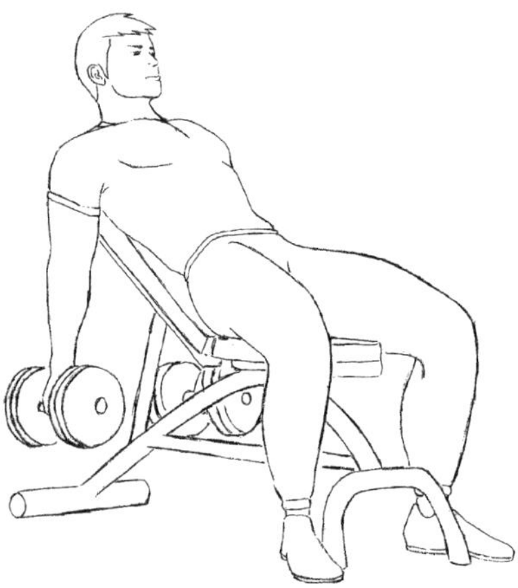

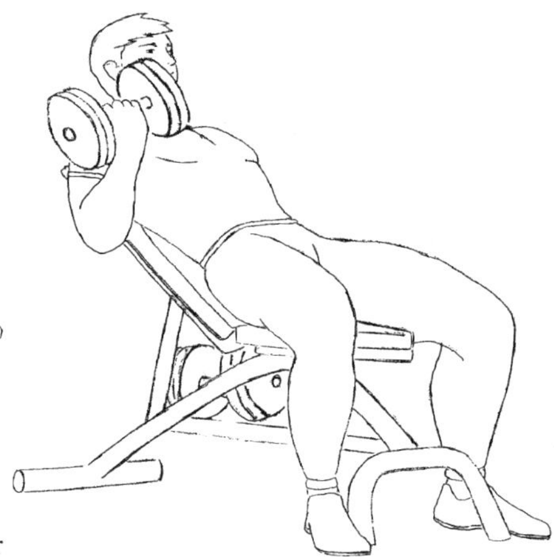

Start

- Kurzhanteln aufnehmen und zurücklehnen, der Rücken muss während der Bewegung an der Bank bleiben
- Gewichte an den voll gestreckten Armen herabhängen lassen

Ausführung

- Abwechselnd mit Armdrehung die Hantel zur Schulter führen, bzw.
- ohne Armdrehung beide Hanteln gleichzeitig curlen
- Die Oberarme bewegen sich nicht

Ende

- In der oberen Position die Faust zum Bizeps hin abknicken, um den Muskel voll anzuspannen
- Kontraktion für einen Moment halten, bevor das Gewicht langsam wieder in die Ausgangsposition abgelassen wird

Der Oberarm bleibt während der gesamten Bewegung unbewegt senkrecht. Wenn Sie den Oberarm nämlich nach vorn schieben, wird dem Bizeps, den Sie trainieren wollen, die Arbeit erleichtert.

Reevescurl

Dies war die Lieblingsübung des legendären »Herkules«-Darstellers Steve Reeves, der in den 1960er Jahren mit den sog. Sandalenfilmen bekannt wurde. Reeves war nicht nur ein Bodybuilding-Idol der 1950er Jahre, er hatte es auch geschafft, seinen Nachteil – schwache Bizepse – mit dieser speziellen Curlvariante in einen Vorteil zu verwandeln, wie er oft betont hat.

Beim Reevescurl wird die Lehne der Bank etwa 45 Grad geneigt. Diese weit zurückgelehnte Sitzhaltung führt in der Ausgangsposition zu einer guten Dehnung durch die vollständige Armstreckung. Gleichzeitig isoliert sie die Bizepse stärker und erlaubt kein Abfälschen durch Schwungholen mit dem Oberkörper. Die Übung wird so noch einmal deutlich erschwert.

Am besten werden die Arme abwechselnd bewegt; Ausgangshaltung und Armdrehung werden wie beim normalen Kurzhantelcurl vorgenommen. Nach Meinung von Steve Reeves kann als Variante für die Betonung der Bizepshöhe und Masse im unteren Bereich des Muskels auf die Armdrehung auch verzichtet werden.

Konzentrationscurl stehend vorgebeugt

Die Konzentrationscurls stehen am Schluss der Effektivitätsskala. Durch die weitgehende Isolation des Bizeps und die Ausführung mit einem Arm kann nur sehr wenig Gewicht eingesetzt werden. Der stehende Konzentrationscurl ist von allen noch die beste Variante: Hier verläuft die Bewegung optimal und ein Schwungholen mit dem Oberkörper ist ausgeschlossen.

Halten Sie eine Kurzhantel in der Hand, beugen Sie den Oberkörper in der Hüfte nach vorn und lassen Sie das Gewicht am gestreckten Arm herunter hängen. Führen Sie nun die Hantel durch Zug mit dem Bizeps nach außen zur Schulter hoch; Rumpf und Oberarm bewegen sich dabei nicht. In der oberen Position der Bewegung sollte die Griffhand, wie bei allen Kurzhantelcurls, nach außen gedreht und das Handgelenk gebeugt werden. Spannen Sie den Bizeps in der oberen Position der Bewegung voll an, bevor Sie das Gewicht bis zur völligen Streckung des Arms wieder absenken.

Die korrekte Ausführung ist hier besonders wichtig: Wenn Sie die Hantel statt nach außen einwärts curlen, übernimmt der Brustmuskel dieser Körperseite die meiste Arbeit – von einer Konzentration auf den Bizeps ist dann nicht mehr viel zu spüren. Diese vorgebeugte Übung ist zwar unbequem in der Ausführung, aber der erzielte Pump ist wirklich gut.

Konzentrationscurl sitzend

Der Konzentrationscurl sitzend ist die klassische Ausführung: Hier wird der Oberarm gegen das Bein abgestützt, daher ist er leichter in der Ausführung, als der stehende Konzentrationscurl und auch nicht so effektiv wie dieser.

Setzen Sie sich dafür auf eine Bank und beugen Sie sich vor. Die Rückseite des Oberarms wird gegen die Innenseite des Oberschenkels gestützt und die Kurzhantel hängt am ausgestreckten Arm herunter. Die Aufwärtsbewegung geht wieder nach außen zur Schulter hin, nicht einwärts, sonst hilft der Brustmuskel zu viel mit. Auch beim sitzenden Curl muss die Kurzhantel in der oberen Position nach außen gedreht sein, um die volle Kontraktion des Bizeps zu gewährleisten. Spannen Sie den Bizeps in der oberen Position der Bewegung voll an, bevor Sie das Gewicht bis zur völligen Streckung des Arms wieder absenken.

Einschätzung anderer Bizepsübungen

In vielen Fitness-Studios finden sich noch spezielle Bänke für sog. Scott-Curls (benannt nach dem Bodybuilder Larry Scott, der sie erfunden hat). Dabei werden die Oberarme auf einem Polster abgestützt, was die Bizepse recht gut isoliert. Eine Scottbank ergibt Sinn, wenn die Langhantel in der Ausgangs-

Übungen für den Bizeps – Konzentrationscurl stehend und sitzend

Die stehende Variante ist die bessere. Bei Armdrehung voller Einsatz beider Muskelköpfe des Bizeps. Die vordere Schulter unterstützt die Bewegung, die Muskeln des Rumpfes stabilisieren. Alle Wiederholungen für einen Arm ausführen, bevor zur anderen Seite gewechselt wird.

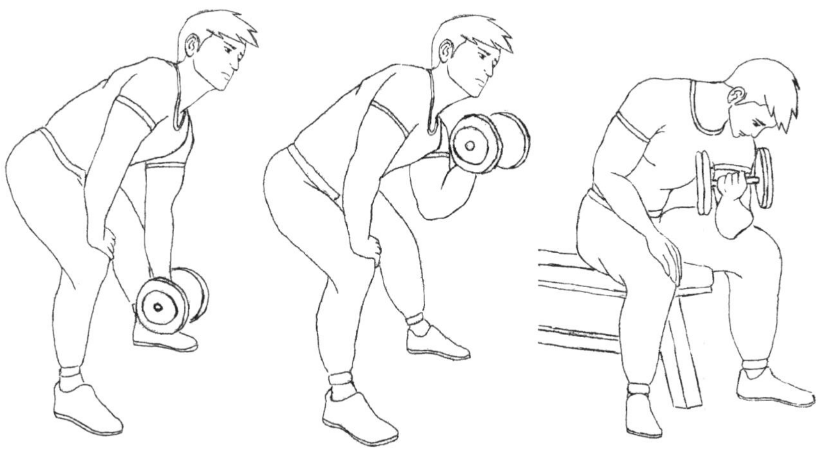

Start

- Oberkörper in der Hüfte nach vorn beugen
- Gewicht am gestreckten Arm herabhängen lassen

Ausführung

- Gewicht durch Zug mit dem Bizeps nach außen zur Schulter heben
- Der Oberarm bewegt sich nicht.
- Die Hantel nicht nach innen führen, sonst übernimmt der Brustmuskel die meiste Arbeit!

Ende

- In der oberen Position die Faust zum Bizeps hin abknicken, um den Muskel voll anzuspannen
- Kontraktion für einen Moment halten, bevor das Gewicht wieder in die Ausgangsposition abgelassen wird.

Konzentrationscurl sitzend

- Auf der Bank sitzend den Oberkörper vorbeugen
- Oberarm rückseitig auf den Oberschenkel stützen
- Gewicht für eine volle Streckung des Bizeps senkrecht herabhängen lassen
- Curlbewegung wie oben ausführen

stellung an den ausgestreckten Armen senkrecht herunterhängen kann. Nur dann ist die höchste Last zu Beginn der Bewegung und eine gute Trainingswirkung gegeben. Andererseits sind durch die Stütze des Polsters (bis auf die vordere Schulter) andere unterstützende Muskeln ausgeschaltet und die geführte Bewegung erlaubt kein hohes Gewicht, was die Trainingswirkung einschränkt. Scottcurls sind daher als Langhantel-Variante des sitzenden Konzentrationscurls anzusehen. Obwohl dabei beidarmig gearbeitet wird, dürfte der stehend vorgebeugte, einarmige Konzentrationscurl trotzdem effektiver sein, weil mehr Muskeln stabilisierend eingreifen.

Curls am Kabelzug von unten sind nicht zu empfehlen. Zwar ist dabei die Belastungskurve theoretisch gleichmäßiger, als beim Curls mit Lang- oder Kurzhanteln (mit Hanteln wird die Last zum Ende der Bewegung hin geringer). Doch dieser Vorteil wird durch die Kabelführung aufgehoben, da zum Ende der Bewegung das Kabel vom Unterarm blockiert wird. Beim Kabelzug von oben ist es effektiver, mit beiden Händen an der langen Stange schulterweit zu fassen; das ergibt aber ein Latziehen mit Untergriff.

Die Muskelköpfe des Trizeps

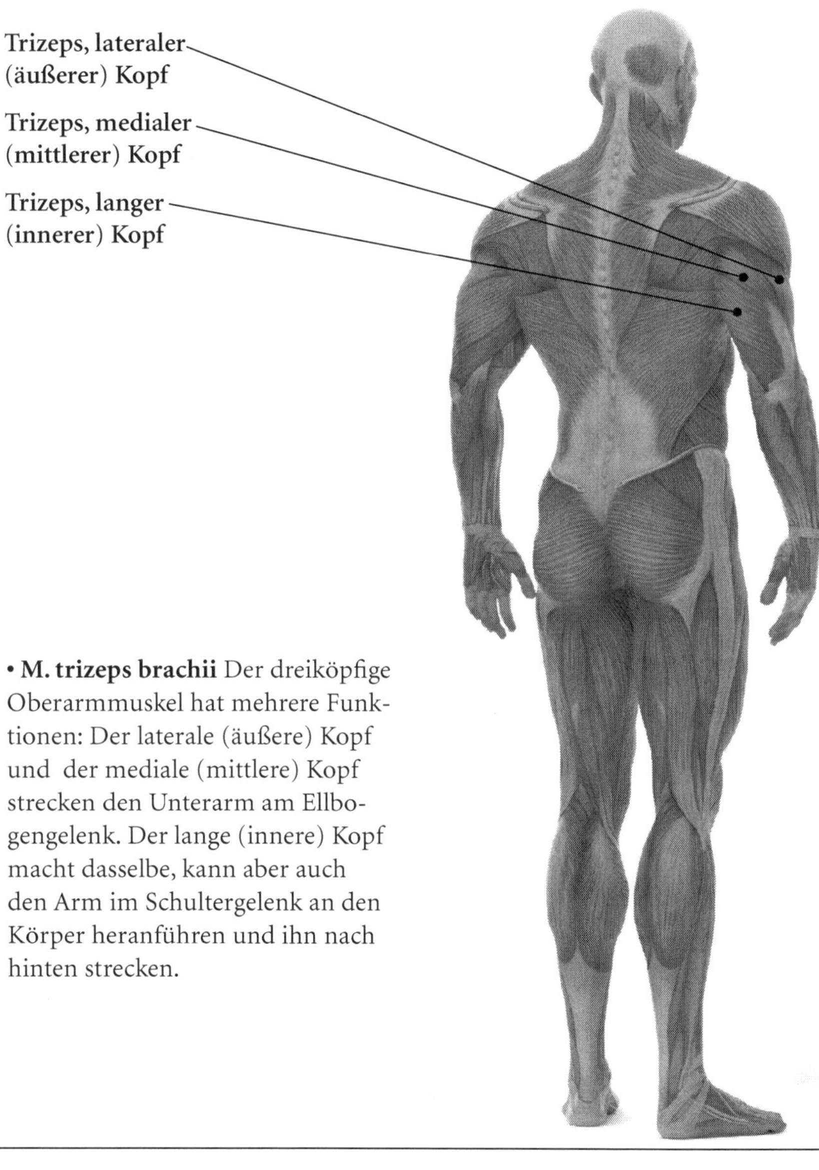

• **M. trizeps brachii** Der dreiköpfige Oberarmmuskel hat mehrere Funktionen: Der laterale (äußere) Kopf und der mediale (mittlere) Kopf strecken den Unterarm am Ellbogengelenk. Der lange (innere) Kopf macht dasselbe, kann aber auch den Arm im Schultergelenk an den Körper heranführen und ihn nach hinten strecken.

Effektivität der Übungen für den Trizeps

Übung	Dehnung & Kontraktion	mögliches Gewicht	Einsatz von Synergisten	Wertung
• Dips aufrecht, Ellbogen eng am Körper *	+++	+++	+++	9
• Bankdrücken **	++	+++	++	7
• Schrägbankdrücken **	++	+++	++	7
• Frontdrücken **	++	++	++	6
• Liegestütz am Holm	+++	+	++	6
• Liegestütz mit Partnerhilfe	++	+	++	5
• Trizepsdrücken				
- am Kabel mit Obergriff ***	++	+	++	5
- am Seil	++	+	++	5
• Stirndrücken	++	+	++	5

* Beste Übung für den Trizeps. Wenn die Ellbogen eng am Körper gehalten werden, können die Brustmuskeln weniger stark unterstützen und die Belastung verlagert sich mehr auf die Trizepse. Trotzdem sind alle anderen Muskeln des Oberkörpers an der Bewegung beteiligt, so kann, z.B. mit einem Gürtel und Zusatzgewicht, eine sehr hohe Belastung realisiert werden. Dips mit eng am Körper geführten Ellbogen trainieren die Brust ebenfalls, aber nicht ganz so effektiv, wie die vorgebeugte Variante mit ausgestellten Ellbogen.

** Am effektivsten mit der Langhantel und schulterweitem Griff. Je weiter der Griff, desto mehr verlagert sich die Belastung auf die Brustmuskulatur. Mit Kurzhanteln ebenfalls gut, doch nur mit weniger Gewicht möglich und daher weniger effektiv.

*** Mit Untergriff nicht so effektiv, da nur mit weniger Gewicht möglich.

Übungen für den Trizeps

Die Trizepse werden bei den schweren Drückbewegungen – Bankdrücken in jeder Form, Dips, Frontdrücken – schon stark gefordert und eigentlich besser trainiert, als es mit reinem Trizepstraining möglich wäre. Ganz einfach des-

Die besten Übungen für den Trizeps

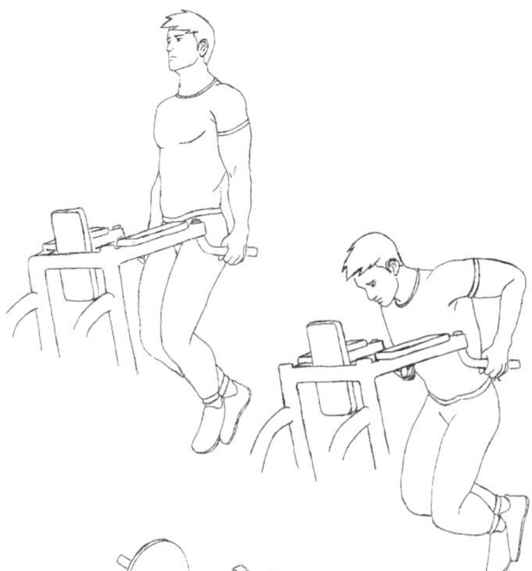

Dips
- aufrecht, Ellbogen eng am Körper
- vorgebeugt mit ausgestellten Ellbogen

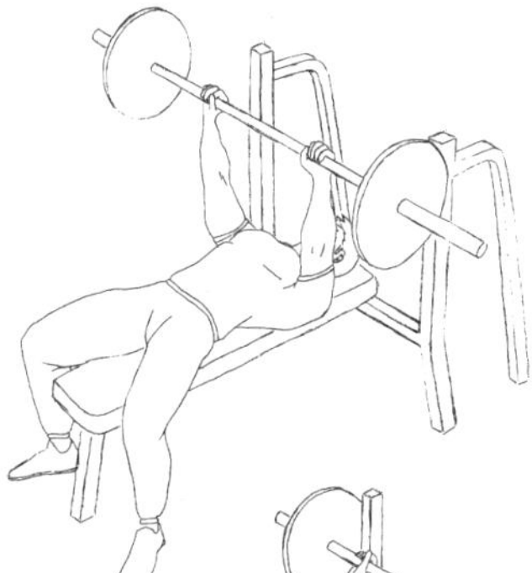

Bankdrücken
- mit der Langhantel und engem (schulterweitem) Griff
- mit der Langhantel und weitem Griff
- mit Kurzhanteln

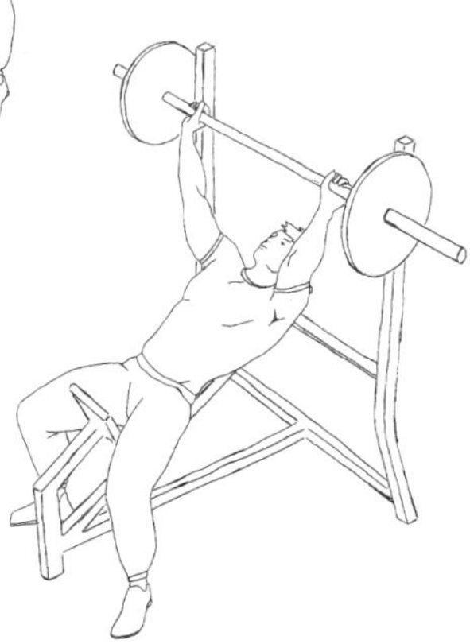

Schrägbankdrücken
- mit der Langhantel und engem (schulterweitem) Griff
- mit der Langhantel und weitem Griff
- mit Kurzhanteln

wegen, da mehr Gewicht bewegt werden kann, weil die großen Muskeln des Oberkörpers mithelfen. Obwohl der Trizeps nicht so schnell übertrainiert werden kann, wie etwa die Schultern oder die Bizepse, so ist doch Vorsicht angebracht. Am besten sieht man die schweren Drückbewegungen für die Brust als Hauptteil des Trizepstrainings, und die nachfolgend aufgeführten Übungen als Ergänzung, die mit nur wenigen zusätzlichen Sätzen pro Woche ausgeführt werden müssen.

Zur Ausführung von Dips, Bankdrücken und Schrägbankdrücken siehe unter »Übungen für die Brust«; zum Frontdrücken unter »Übungen für die Schulter«.

Dips aufrecht, Ellbogen eng

Bereits der vorgebeugte Dip mit ausgestellten Ellbogen belastet die Rückseite der Oberarme sehr stark, doch als beste Trizepsübung kann der aufrechte Dip gelten. Bei gerade geführtem Oberkörper werden die Ellbogen eng am Körper gehalten. So wird die Belastung vor allem auf die Trizepse gelenkt und Brust- sowie Schultermuskeln arbeiten weniger stark mit (bei der Brust sind es vor allem die schwächeren oberen Partien, die kräftig mitarbeiten). Trotzdem beteiligen aufrechte Dips diese und andere Muskeln wie den Latissimus und die Unterarme an der Bewegung; daher kann in Form des Körpergewichts eine ordentliche Last bewegt werden. Der innere und der mittlere Kopf des Trizepsmuskels werden dabei besonders gefordert, diese machen den größten Teil der Masse des Trizeps aus. Die Bewegung sollte langsam und kontrolliert ausgeführt werden.

Gehen Sie dazu in den Barrenstütz, halten sie Oberkörper und Kopf aufrecht und sinken Sie langsam in die tiefe Position herab. Die Ellbogen werden dabei nicht ausgestellt, wie beim Dip für die Brust, sondern die Oberarme werden am Oberkörper entlang geführt und die Ellbogen nach hinten, ungefähr in Linie mit den Barrenholmen. Beim Hochdrücken wird die aufrechte Körperhaltung beibehalten, so übernehmen die Trizepse einen großen Teil der Arbeit und werden sehr stark gefordert.

Übungen für den Trizeps – Dips aufrecht, Ellbogen eng

Voller Einsatz der Trizepse, besonders der mittleren und der inneren (langen) Köpfe. Die Sehnenansätze der Trizepse am Ellbogen werden stark gefordert, die ebenfalls zur Masse am hinteren Oberarm beitragen. Die Brustmuskeln, vor allem die oberen Partien, arbeiten kräftig mit, während vordere bzw. seitliche Schultern und der Latissimus weniger beteiligt sind.

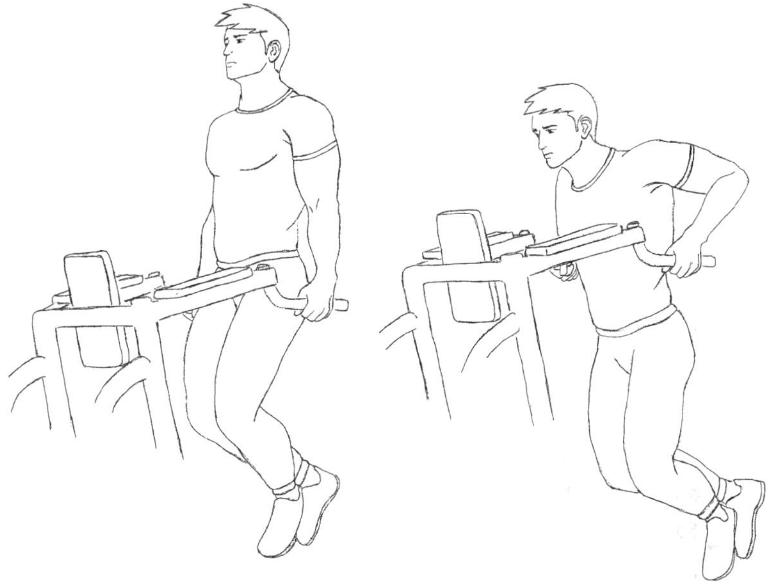

Start
- Barrenstütz einnehmen
- Oberkörper aufrecht, Kopf erhoben

Ausführung
- Oberkörper durch Beugen der Arme langsam absenken
- Arme dabei eng am Körper führen und die Ellbogen nach hinten
- aus der tiefsten Position langsam wieder hochdrücken

Ende
- Arme voll gestreckt, Trizepse in der obersten Position kurz fest anspannen

Übungen für den Trizeps – Liegestütz am Holm

Alle drei Köpfe des Trizeps werden gefordert, die Hauptlast liegt aber auf dem mittleren und inneren Kopf. Der Latissimus, die vorderen und die seitlichen Deltamuskeln unterstützen, die anderen Muskeln des Rumpfes stabilisieren.

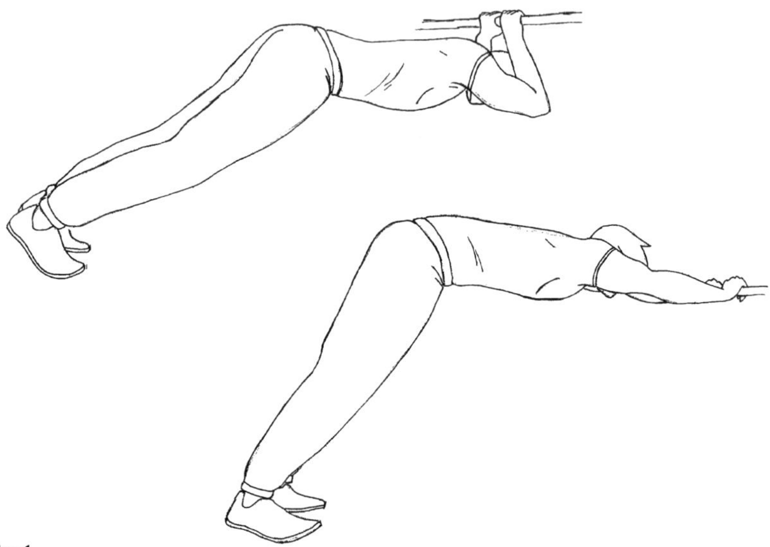

Start

- Mit engem Griff eine Stange fassen in Höhe der mittleren Oberschenkel oder der Knie
- Arme beugen, so dass die Stirn die Stange berührt. Die Ellbogen dabei eng zusammenhalten, sonst übernimmt die Brust die meiste Arbeit!
- Füße nach hinten bringen und Körper strecken, Füße auf Zehenspitzen

Ausführung

- Arme langsam strecken, dabei nach hinten und oben drücken, Ellbogen eng halten
- Gleichzeitig die Fersen absenken
- Arme während der Bewegung eng am Körper führen, sonst kommt die Brust zu stark ins Spiel

Ende

- Arme voll gestreckt, Füße stehen flach auf dem Boden
- Trizepse kurz fest anspannen

Diese Übung ist wirklich schwer, daher sollte sie nicht am gleichen Tag trainiert werden, wie die Brust, die ja ebenfalls schwere Drückübungen erfordert. Oder man sieht die aufrechten Dips als Teil eines kombinierten Trainings für Brust und Trizeps; dafür muss aber bei der Gesamtzahl der Sätze für beide Muskelgruppen etwas zurückgesteckt werden.

Liegestütz am Holm

Der Liegestütz mit Partnerhilfe wurde unter den »Übungen für die Brust« schon erklärt. Je enger die Ellbogen dabei am Körper gehalten werden, desto stärker werden die Trizepse beansprucht.

Der Liegestütz am Holm ist eine eher unbekannte, aber schwere und damit sehr effektive Trizepsübung, bei welcher der Latissimus und die vorderen Schultern kräftig unterstützten. Sie müssen dafür eine Hantelstange auf die Ablagen einer Scott-Bank oder auf eine ähnlich niedrige Auflage legen (auch eine der seitlichen Sicherungsstangen in einem »Turm« für Kniebeugen kann zum Abstützen genutzt werden). Die Stange sollte sich etwa in Kniehöhe oder etwas darüber befinden.

Bei dieser Übung wird kein Gewicht benötigt, allein das Körpergewicht reicht aus. Durch das Abstützen auf einer erhöhten Stange kommt es zu einer sehr guten Dehnung der Trizepse, die anschließend vollständig kontrahieren können. Je weiter Sie die Füße nach hinten stellen, desto schwerer wird die Übung.

Nehmen Sie die Ausgangsstellung ein, indem Sie die Hantelstange eng greifen (etwa wie beim Trizepsdrücken am Kabel), die Füße nach hinten stellen (ähnlich wie beim Liegestütz, die Füße auf den Zehenspitzen) und den Oberkörper so weit herablassen, bis Ihre Stirn die Stange berührt. Mit zunehmender Gewöhnung gelingt es Ihnen vielleicht sogar, noch tiefer zu kommen, bis der Hinterkopf sich unter der Stange befindet; das macht die Bewegung noch effektiver. Aus dieser Ausgangsstellung drücken Sie sich mit den Armen kraftvoll nach hinten und oben, bis die Arme vollständig gestreckt sind. Die Fersen senken sich gleichzeitig zum Boden ab und die Füße ruhen in der End-

Übungen für den Trizeps – Trizepsdrücken am Kabel mit Stange/Seil

Mit Obergriff voller Einsatz des inneren (langen) Trizepskopfes, die äußeren und hinteren Köpfe sind weniger stark beteiligt. Das Drücken beidhändig am Seil belastet dagegen vor allem die äußeren Trizepsköpfe. Latissimus, Bauch- und Sägemuskeln unterstützen die Bewegung eingeschränkt. Auch die Brustmuskeln werden mit einbezogen, sie kontrahieren in der unteren Position voll.

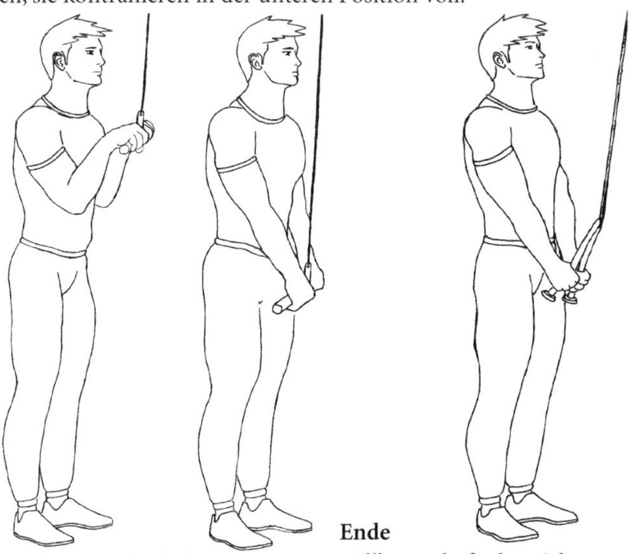

Start
- Aufrecht stehen, Kopf erhoben
- Stange beidseitig eng mit Obergriff fassen
- Arme eng halten, Oberarme leicht vorstrecken

Ausführung
- Gewicht bis zur vollen Streckung der Arme nach unten drücken
- Ellbogengelenke dienen als »Scharnier«, die Oberarme bewegen sich nicht
- Nicht vorbeugen, sonst übernehmen die Muskeln des Oberkörpers die Hauptarbeit!

Ende
- Ellbogen befinden sich etwas vor dem Körper, nicht an den Hüften angelegt
- Handgelenke nach unten abgeknickt
- Trizepse kurz fest anspannen

Trizepsdrücken beidhändig am Seil
- Seil am Kabelzug einhängen
- Die Seilenden mit beiden Händen im Hammergriff halten
- Ausführung wie oben

position flach auf dem Boden. Durch die tiefe Ausgangsposition und die so erzielte gute Dehnung fällt die Belastung für die Trizepse bei der Bewegung enorm hoch aus.

Halten Sie bei der Auf- und Abwärtsbewegung die Arme immer eng am Körper und führen Sie die Ellbogen beim Heruntergehen nicht nach außen, sondern nach unten, sonst verringern Sie die Belastung für die Trizepse.

Trizepsdrücken am Kabel mit Obergriff

Trizepsdrücken am Kabel mit Obergriff gilt als klassische Übung für diese Muskelgruppe. Die Bewegung trainiert besonders den inneren (langen) Trizepskopf und sie erlaubt ein mittleres Gewicht. Doch darf man sich bei der Bewegung nicht nach vorn lehnen, wie es viele Bodybuilder gern tun. Das verlagert nämlich die Last zu stark auf die Muskeln des Oberkörpers. Dasselbe geschieht, wenn die Ellbogen bei der Abwärtsbewegung ausgestellt oder gar nach hinten geführt werden – dann übernehmen die Brustmuskeln und die vorderen Schultern die Hauptarbeit. Bei gerader Haltung des Oberkörpers wirken die Brustmuskeln und weniger, die Schultern und der Lat, immer noch mit, doch sie leisten nicht den größten Teil der Arbeit. Die Sägemuskeln unterhalb der Rippen stabilisieren die Bewegung.

Reduzieren Sie lieber das Gewicht ein wenig und führen Sie die Übung korrekt aus: Die Oberarme werden eng gehalten, leicht vorgestreckt und das Ellbogengelenk als »Scharnier« benutzt, nur die Unterarme bewegen sich. Greifen Sie die Stange mit engem Obergriff, halten Sie die Arme eng zusammen und drücken Sie sie nach unten, bis sie ganz gestreckt sind. Dann wird das Gewicht langsam wieder hochgelassen, so weit, bis sich die Stange in Höhe des Schlüsselbeins befindet. Damit werden die Trizepse in der Ausgangsstellung voll gedehnt.

Die Ellbogen befinden sich in der Endstellung immer noch etwas vor dem Körper, nicht seitlich am Brustkorb; auf diese Weise wird die Belastung auf die Trizepse enorm erhöht. Gleichzeitig werden die Handgelenke in der Endposition etwas nach unten abgeknickt, so kann der Trizeps voll kontrahieren. Die Brustmuskeln kontrahieren dabei automatisch mit. Wenn Sie sich aber vorlehnen und die Arme senkrecht halten, wird in der Schlussphase der Bewegung die Belastung von den Trizepsen genommen, da nicht sie das Gewicht halten, sondern der gesamte Oberkörper diese Aufgabe übernimmt.

Das Trizepsdrücken am Kabel kann auch an der Stange mit Untergriff ausgeführt werden. Diese Übung erlaubt kein so hohes Gewicht, wie die Variante mit Obergriff. Sie wird ebenso ausgeführt, doch wird mit Untergriff gefasst und das Handgelenk in der unteren Position der Bewegung nach hinten abgeknickt, so kann der äußere Trizepskopf voll kontrahieren.

Trizepsdrücken beidhändig am Seil

Das Trizepsdrücken am Seil wird ebenfalls stehend am Kabelzug ausgeführt, doch wird statt einer Stange ein Seil mittig an der Aufnahme befestigt, die beiden Enden des Seils werden mit den Händen gefasst. Trizepsdrücken am Seil belastet den äußeren Kopf des Trizeps am stärksten, der bei den anderen Trizepsübungen nicht so gefordert wird.

Auch hier ist wieder wichtig, dass die Ellbogen beim Herunterdrücken des Gewichts nicht nach außen geführt werden, sonst übernehmen die Brustmuskeln die meiste Arbeit.

Die Ausführung ist ähnlich wie wie beim Trizepsdrücken mit der Stange; die Innenseiten der Hände zeigen aber nicht nach unten, sondern zueinander (Hammergriff). Fassen Sie die Seilenden mit festem Griff und halten Sie die Hände dicht beieinander, so dass sich die Handballen berühren. In der Ausgangsstellung halten Sie die Oberarme parallel am Körper und schieben dann die Ellbogen etwas nach vorn, so dass sie sich nicht seitlich am Körper, sondern einige Zentimeter davor befinden. Die Oberarme werden starr gehalten, die Ellbogen dienen wieder als »Scharnier«, nur die Unterarme bewegen sich. In der Endposition der Bewegung, beide Arme sind voll gestreckt, sollten Sie eine deutliche Kontraktion der äußeren Trizepsköpfe spüren.

Stirndrücken

Im Englischen treffend »nose breaker« (Nasenbrecher) genannt, ist diese unbequeme Bewegung eine weitere klassische Trizepsübung. Allerdings erlaubt sie durch die gute Isolation der Trizepse nicht viel Gewicht, obwohl der Latissimus und die Sägemuskeln die Bewegung unterstützen. Sie ist daher von der Effektivität her am unteren Ende der Skala der effektiven Trizepsübungen einzuordnen.

Halten Sie eine Langhantel mit engem Obergriff und legen Sie sich rücklings auf eine Bank, so dass der größte Teil des Kopfes über das Ende der Bank hinausragt. Das erlaubt, den Hinterkopf etwas unter der Oberfläche der Bank zu positionieren; so kann die Hantel tiefer zur Stirn hin abgesenkt werden und die Trizepse werden besser gedehnt. Stemmen Sie die Hantel hoch; die Ellbogen werden dabei eng zusammen gehalten und die Oberarme stehen in der Ausgangsposition nicht senkrecht, sondern sind leicht nach hinten geneigt.

Nun die Hantel vorsichtig absenken; die Oberarme bewegen sich dabei nicht, nur die Unterarme senken sich so weit, dass die Hantelstange die Stirn fast berührt. Dann ziehen Sie das Gewicht mit den Trizepsen bis zur völligen Streckung der Arme wieder hoch. Achten Sie darauf, dass die Ellbogen während der Aufwärts- wie bei der Abwärtsbewegung parallel gehalten werden. Wer die Ellbogen seitlich ausstellt, verschenkt einen großen Teil der Effektivität der Übung! Knicken Sie auch die Handgelenke nicht nach hinten ab, sonst kontrahiert der Trizeps nicht optimal.

In der oberen Position der Bewegung sind die durchgestreckten Arme leicht nach hinten, zum Kopf hin geneigt; das Gewicht befindet sich über dem Kopf, nicht über den Schultern. So wird die Belastung auf die Trizepse erhöht (wenn die Arme senkrecht nach oben zeigen, ruht das Gewicht auf den ausgestreckten Armen und der Trizeps wird entlastet).

Übungen für den Trizeps – Stirndrücken

Voller Einsatz aller drei Köpfe des Trizeps, der Latissimus und die Sägemuskeln unterstützen die Bewegung.

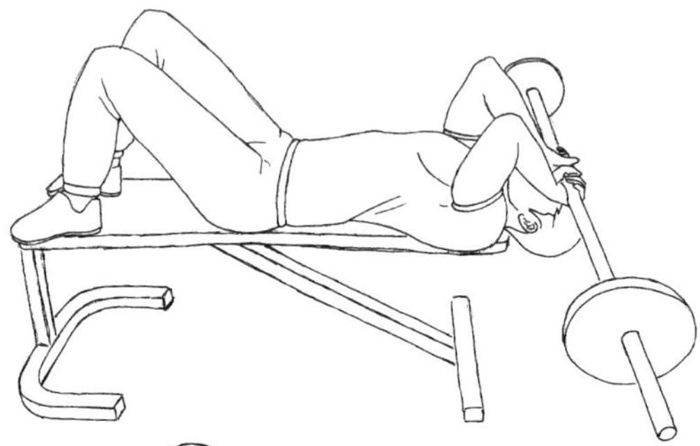

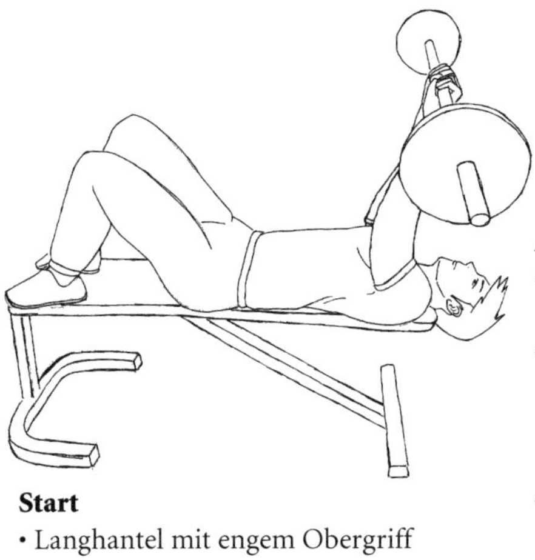

Start

- Langhantel mit engem Obergriff nehmen und rücklings auf eine Bank legen, der Hinterkopf ragt über die Bank hinaus
- Hantel hochstemmen, Ellbogen eng halten und Gewicht langsam bis zur Stirn absenken
- Die Oberarme stehen nicht senkrecht, sondern sind leicht nach hinten geneigt

Ausführung

- Gewicht langsam hochdrücken, bis die Arme voll gestreckt sind
- Die Oberarme bewegen sich dabei nicht, nur die Unterarme werden angehoben (Ellbogen dienen als »Scharnier«)
- Ellbogen nicht nach außen führen, sondern möglichst eng halten, sonst kommt die Brust ins Spiel und die Trizepse werden entlastet

Ende

- Arme voll gestreckt, Ellbogen eng
- Oberarme stehen nicht senkrecht, sondern zeigen leicht nach hinten
- Trizepse kurz fest anspannen

Einschätzung anderer Trizepsübungen

Das Trizepsdrücken über Kopf mit einer Kurz- oder Langhantel (wobei die Oberarme starr gehalten werden und sich nur die Unterarme bewegen) erlaubt eine gute Dehnung der Trizepse in der Ausgangsstellung. Allerdings weist diese Übung den Nachteil auf, dass nur wenig Gewicht eingesetzt werden kann und die Last in der Endposition der Bewegung auf den senkrecht ausgestreckten Armen ruht; das entlastet die Trizepse. Darüber hinaus wird beim Einsatz schwererer Gewicht häufig keine ganze Armstreckung und damit keine volle Kontraktion der Trizepse mehr erreicht, auch das nimmt der Übung viel von ihrer Wirkung.

Die in den Fitness-Studios häufig trainierten Kickbacks erlauben von allen Trizepsübungen das geringste Gewicht, da sie den Zielmuskel sehr gut isolieren. Verglichen mit den schweren Übungen tragen sie kaum zum Muskelwachstum des Trizeps bei.

Die Muskeln der Bauchregion

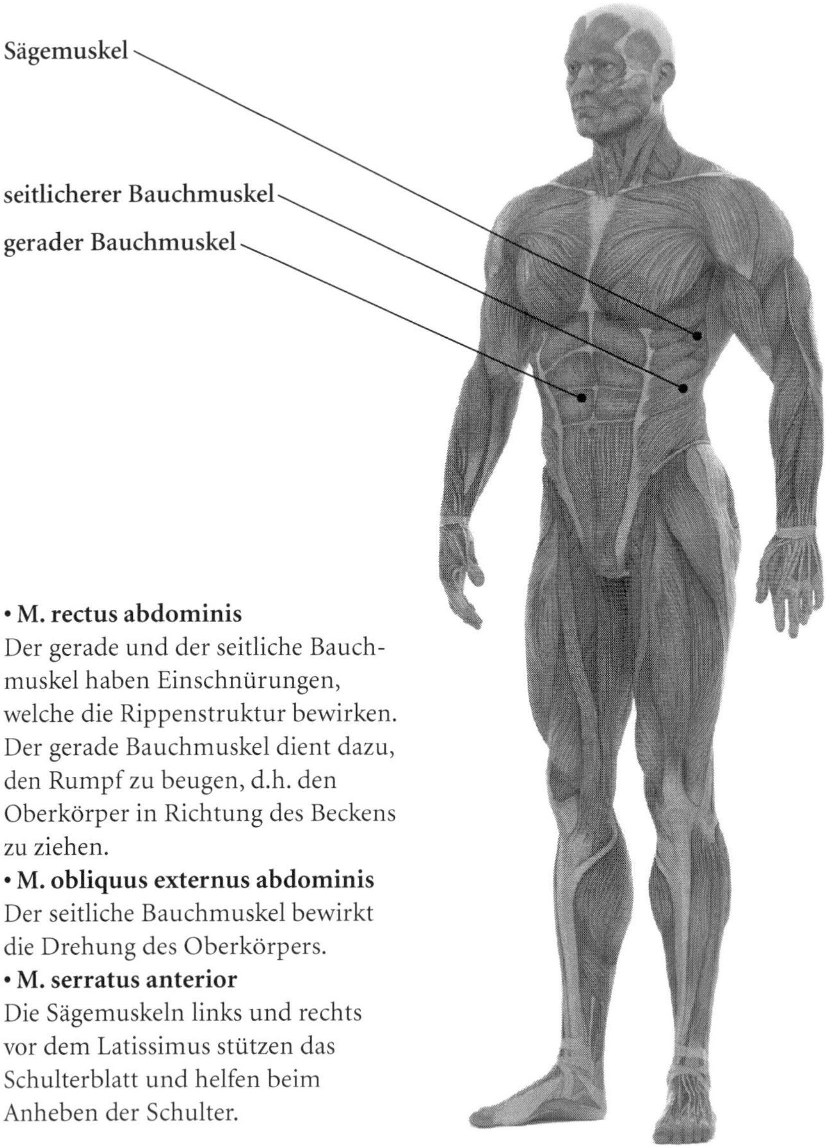

• M. rectus abdominis
Der gerade und der seitliche Bauchmuskel haben Einschnürungen, welche die Rippenstruktur bewirken. Der gerade Bauchmuskel dient dazu, den Rumpf zu beugen, d.h. den Oberkörper in Richtung des Beckens zu ziehen.

• M. obliquus externus abdominis
Der seitliche Bauchmuskel bewirkt die Drehung des Oberkörpers.

• M. serratus anterior
Die Sägemuskeln links und rechts vor dem Latissimus stützen das Schulterblatt und helfen beim Anheben der Schulter.

Effektivität der Übungen für den Bauch

Übung	Dehnung & Kontraktion	mögliches Gewicht	Einsatz von Synergisten	Wertung
• Kniebeuge *	-	+++	-	-
• Beinheben				
- in Armschlaufen/mit Griffhilfen an der Klimmzugstange	+++	++	++	7
- im Barrenstütz	++	++	++	6
- Bauchpressen **				
- Beine rechtwinklig gehalten und Arme nach hinten	+++	+	+	5
- Beine rechtwinklig gehalten und Fäuste an den Schläfen	+++	+	+	5
- Füße aufgesetzt und Fäuste an den Schläfen	+++	+	+	5
- an der Bank	++	+	+	4

* Hier versagt unser Wertungssystem; mit gerade gehaltenem Oberkörper kommt es weder zu einer guten Dehnung noch zu einer vollen Kontraktion der Bauchmuskeln; auch die Synergisten sind nicht direkt an der Arbeit der Bauchmuskeln beteiligt. Trotzdem erfordert die Stabilisierung des hohen Gewichts auf den Schultern eine sehr starke isometrische Kontraktion der Bauchmuskeln und erzielt so einen hohen Trainingseffekt. Das Gleiche gilt, abgeschwächt, für das Drücken über Kopf, das Trizepsdrücken am Holm sowie für Liegestütze mit Partnerhilfe und, noch einmal schwächer, für das Trizepsdrücken am Kabel. Auch bei diesen Bewegungen müssen die Bauchmuskeln den Körper stabilisieren.

** Wiederum ist das Bewertungssystem zu ungenau; von oben nach unten wird die Belastung (mögliches Gewicht) subjektiv schwächer, eigentlich müsste man »halbe« Pluszeichen bzw. »+-« vergeben.

Übungen für den Bauch

Die Bauchmuskeln stabilisieren den Rumpf bei vielen schweren Übungen. Deshalb sollten sie grundsätzlich nicht vor dem Training der anderen Körperpartien belastet werden, sondern am Ende der Trainingseinheit.

Die beste Übung für den Bauch

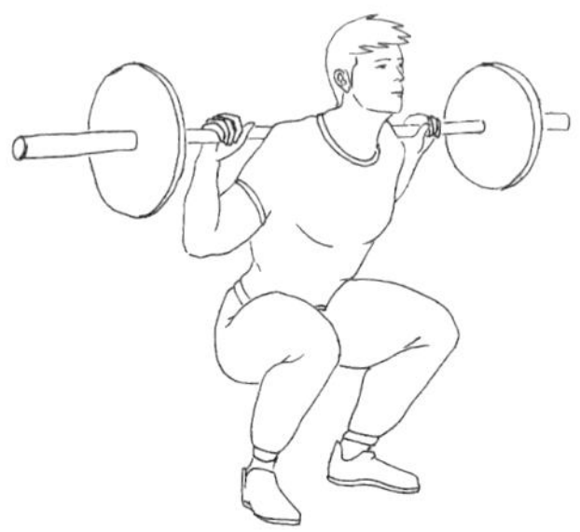

Kniebeuge mit der Langhantel

Weitere Übungen, bei denen die Bauchmuskeln und Rückenstrecker stabilisieren müssen und daher mit trainiert werden (durch das geringere Gewicht allerdings nicht so effektiv, wie bei Kniebeugen):

- Frontdrücken
- Trizepsdrücken am Holm
- Trizepsdrücken am Kabel
- Liegestütz

Auch wenn es zunächst wenig glaubhaft erscheint – die effektivste Übung für die Bauchmuskeln sind schwere Kniebeugen mit der Langhantel. Da hier nicht nur der Oberkörper bei der Aufwärtsbewegung gerade gehalten, sondern auch noch das Gewicht der Hantel »balanciert« werden muss, werden die Bauchmuskeln als Stabilisatoren enorm gefordert (dasselbe gilt für die Rückenstrecker). Wer regelmäßig schwere Kniebeugen trainiert, der braucht nur noch wenige weitere Bauchübungen auszuführen.

Auch bei den Drückübungen stehend über Kopf wie dem Frontdrücken müssen Bauchmuskeln sowie Rückenstrecker den Oberkörper und das Gewicht der Hantel stabilisieren, weniger stark ist das auch beim Trizepsdrücken am Kabel und beim Liegestütz, bzw. dem Liegestütz am Holm der Fall. Alle diese Übungen tragen also zur Entwicklung der Bauchmuskulatur bei.

Wie schon erwähnt, trainieren Kniebeugen mit der Langhantel die Bauchmuskeln mit dem »höchsten Gewicht« und deshalb sehr effektiv. Einige Sätze der nachfolgend aufgeführten, schweren Bauchübungen pro Trainingseinheit reichen deshalb aus, um Ihre Bauchmuskeln vollständig zu entwickeln. Diese Muskelgruppe sollte ebenso trainiert werden, wie alle anderen Muskeln auch, die Sie zum Wachsen bringen wollen, nämlich kurz und hart. Viele Sätze und viele Wiederholungen erlauben dagegen keine volle Konzentration auf die Ausführung einer Übung, das schmälert die Effektivität für das Muskelwachstum.

Beinheben an der Klimmzugstange

Diese Übung lässt sich an der Klimmzugstange oder am Dipbarren ausführen. Wichtig ist dabei, dass die Beine frei herabhängen und der Rücken nicht angelehnt wird; das steigert die Effektivität der Übung.

Am schwersten und damit am effektivsten für die Entwicklung der Bauchmuskulatur ist die Ausführung an der Klimmzugstange. Hier empfiehlt sich die Verwendung von Zughilfen wie Zugriemen, am Handgelenk zu befestigenden Metallhaken für einen besseren Griff oder am besten der Einsatz von Armschlaufen, in welche die Oberarme geschoben werden; die Hände greifen die Aufhängungen. Die Hände ermüden sonst einfach zu schnell und Sie müssen den Griff lösen, bevor die Bauchmuskeln richtig gefordert werden.

Bei der Ausführung von Beinheben an der Klimmzugstange hängen die Beine geschlossen herab. Sie können dann ausgestreckt angehoben werden, noch besser werden die Beine aber bei der Aufwärtsbewegung angewinkelt und die Knie zur Brust geführt. Runden Sie dabei den unteren Rücken, indem Sie das Becken nach vorn und oben schieben. Verharren Sie kurz in der obersten Position und spannen Sie dabei die Bauchmuskeln fest an. Gehen Sie anschließend langsam in die Ausgangsposition zurück, bis die Beine wieder frei herabhängen. Auf diese Weise kontrahieren die Bauchmuskeln noch stärker, da Unter- und Oberkörper zusammengeführt werden.

Übungen für den Bauch – Beinheben an Klimmzugstange oder Barren

Voller Einsatz des gesamten Bauchmuskels. Die seitlichen und unteren Partien werden am meisten gefordert; die obere Partie wird am stärksten einbezogen, wenn der Oberkörper »eingerollt« wird und die Knie zur Brust geführt werden. Die Sägemuskeln und die Hüften unterstützen, währen die Muskeln des Rückens den Oberkörper stabilisieren. Im Barrenstütz werden die gestreckten Beine in die Waagerechte oder etwas höher gebracht; hier werden die unteren Bauchmuskeln besonders gefordert.

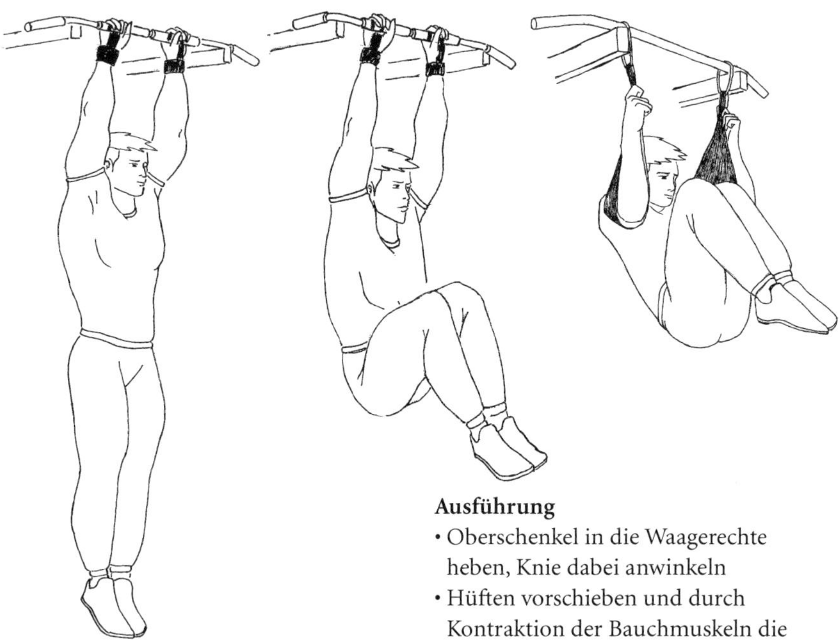

Start

- An der Klimmzugstange Oberarme in Armschlaufen schulterbreit positionieren bzw. Stange mit Griffhilfen schulterbreit fassen
- Beine geschlossen, Körper hängt entspannt herab

Ausführung

- Oberschenkel in die Waagerechte heben, Knie dabei anwinkeln
- Hüften vorschieben und durch Kontraktion der Bauchmuskeln die Knie zur Brust führen

Ende

- Das Becken vorschieben und den Rücken leicht runden
- Knie so weit wie möglich zur Brust führen
- Bauchmuskeln kurz fest anspannen

Übungen für den Bauch – Beinheben an Klimmzugstange oder Barren

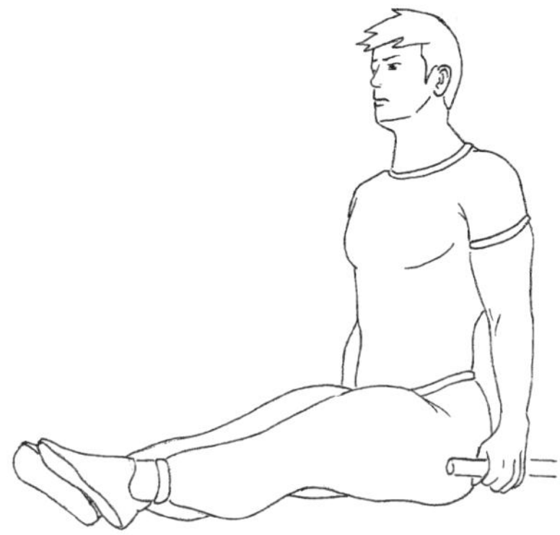

Beinheben im Barrenstütz
- Barrenstütz einnehmen, Beine hängen entspannt herab
- Beine geschlossen halten und in die Waagerechte oder höher bringen
- Bauchmuskeln kurz fest anspannen

Beinheben im Barrenstütz

Im Dipbarren stemmen Sie sich in den Barrenstütz und halten die Beine geschlossen, dann heben Sie sie langsam an, bis sie sich parallel zum Boden befinden und senken Sie langsam wieder ab. Gut trainierte Bodybuilder schaffen es auch, die Beine bei der Aufwärtsbewegung anzuwinkeln und die Knie zur Brust zu führen. Je höher Sie im Barrenstütz die Knie bewegen, d.h. je stärker die Bauchmuskeln dabei kontrahieren, desto effektiver wird die Übung.

In manchen Fitness-Studios findet sich auch noch ein Gerät zum Beinheben, bei dem man die Unterarme auf ein Polster stützt und mit den Fäusten einen aufrechten Griff umfasst; der Rücken ruht an einer gepolsterten Rückwand. In dieser schon beinahe komfortablen Haltung lässt sich das Beinheben angenehmer ausführen, als im echten Barrenstütz. Allerdings auch nicht ganz so effektiv, da der Oberkörper nicht mit Muskelkraft stabilisiert werden muss.

Beinheben ist eine sehr schwere Übung und – neben schweren Kniebeugen – mit Abstand das beste Training für die unteren und oberen Bauchmuskeln. Wenn Sie Probleme mit der korrekten Ausführung haben, sollten Sie erst eine Zeit lang Bauchpressen trainieren, bis Ihre Bauchmuskeln kräftig genug für diese Übung sind.

Bauchpressen

Legen Sie sich rücklings auf eine Bank oder auf den Boden und halten Sie die Hände, zu Fäusten geballt, an die Schläfen. Pressen Sie Ihr Kinn auf die Brust. Verankern Sie die Füße nicht unter irgendeinem Gegenstand und lassen Sie sich auch nicht von einem Trainingspartner die Knie festhalten, sonst sind die unsichtbaren Hüftflexoren stärker beansprucht, als die Bauchmuskeln, die eigentlich trainiert werden sollen. Beginnen Sie die Aufwärtsbewegung des Oberkörpers aus einer Position, in der die Beine geschlossen und leicht angewinkelt sind und die Füße flach auf der Bank bzw. dem Boden stehen.

Der Rücken wird in der Ausgangsstellung leicht im Hohlkreuz gehalten, so werden die Bauchmuskeln stärker gedehnt und können anschließend besser kontrahieren. Ziehen Sie jetzt durch Kontraktion der Bauchmuskeln die Schultern in Richtung des Beckens; dabei heben sich die Schultern einige Zentimeter von Bank oder Boden ab. Auf diese Weise wird vor allem die obere Partie der Bauchmuskeln gefordert. Halten Sie die Kontraktion der Bauchmuskeln für einen Augenblick, bevor Sie in die Ausgangsposition zurückkehren. Wenn Sie die Übung korrekt ausführen, spüren Sie eine intensive Kontraktion im oberen Bauchmuskel (Rectus abdominis).

Werden die Beine in der Ausgangsposition angewinkelt gehalten und die Unterschenkel waagerecht in der Luft, können bei der Ausführung die Knie etwas zur Brust und gleichzeitig die Schultern zum Becken geführt werden. Diese Variante beansprucht die untere und die obere Partie des geraden Bauchmuskels; sie ist deutlich schwerer und damit effektiver. Am schwersten wird es, wenn dabei auch noch die Arme nach hinten ausgestreckt werden, um das »Gewicht« hinter dem Kopf zu erhöhen.

Übungen für den Bauch – Bauchpressen

Voller Einsatz des geraden Bauchmuskels. Bei aufgesetzten Füßen wird vor allem die obere Partie gefordert. Mit angehobenen Beinen, wenn die Unterschenkel hoch gehalten werden, wird neben der oberen Partie die untere Partie des geraden Bauchmuskels stärker einbezogen. Folgende Varianten stehen zur Verfügung:
- Leicht: Unterschenkel auf einer Bank, Fäuste an den Schläfen (a)
- Schwerer: Aufgesetzte Füßen und den Fäusten an den Schläfen (b)
- Noch schwerer: Angewinkelte Beinen und den Fäusten an den Schläfen (c)
- Schwerste Version: Angewinkelte Beinen und nach hinten gestreckten Armen (d)

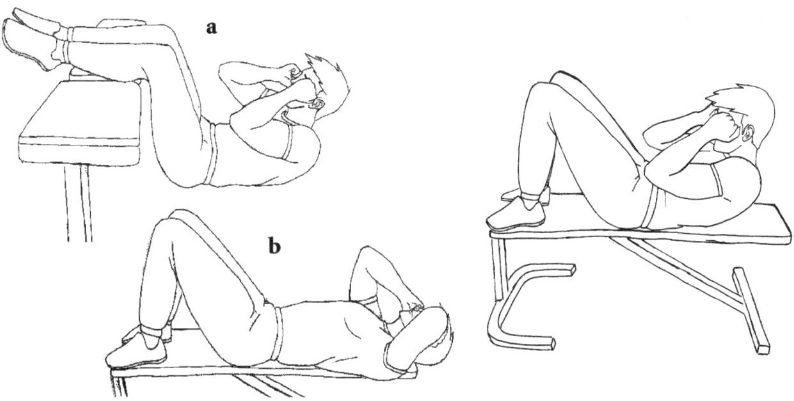

Start
- Fäuste an den Schläfen (leichte Version) oder Arme rücklings ausgestreckt (schwere Version)
- Rücklings auf eine Bank legen, Knie angewinkelt und Füße aufgesetzt (leichter) oder
- Beine angewinkelt: Oberschenkel senkrecht, Unterschenkel waagerecht gehalten (sehr schwer)
- Für optimale Dehnung der Bauchmuskeln ein Hohlkreuz einnehmen, so dass der untere Rücken von der Bank abhebt

Ausführung
- Mit aufgesetzten Füßen durch Kontraktion der Bauchmuskeln den Oberkörper einrollen (leicht) oder mit angehobenen Beinen gleichzeitig die Schultern zum Becken (schwer)

Ende
- Füße aufgesetzt, Oberkörper eingerollt, Kinn auf der Brust (leichter)
- Beine erhoben gehalten (Hüften leicht von der Bank abgehoben) und Oberkörper eingerollt, Kinn auf der Brust (sehr schwer)

Übungen für den Bauch – Bauchpressen

c

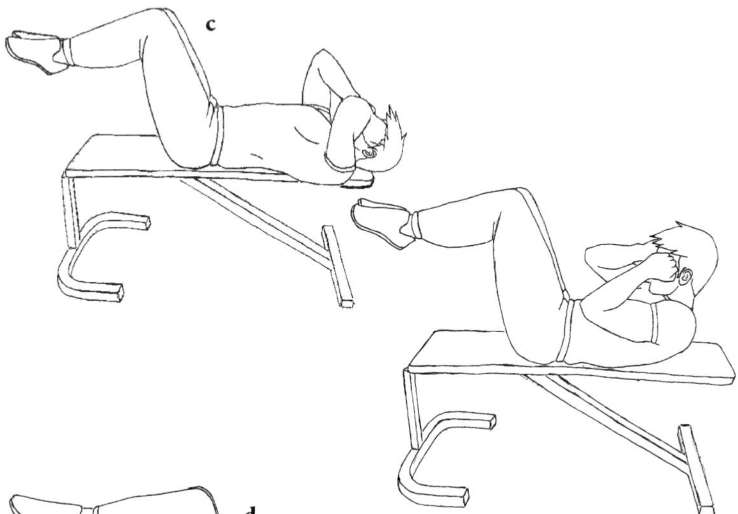

d

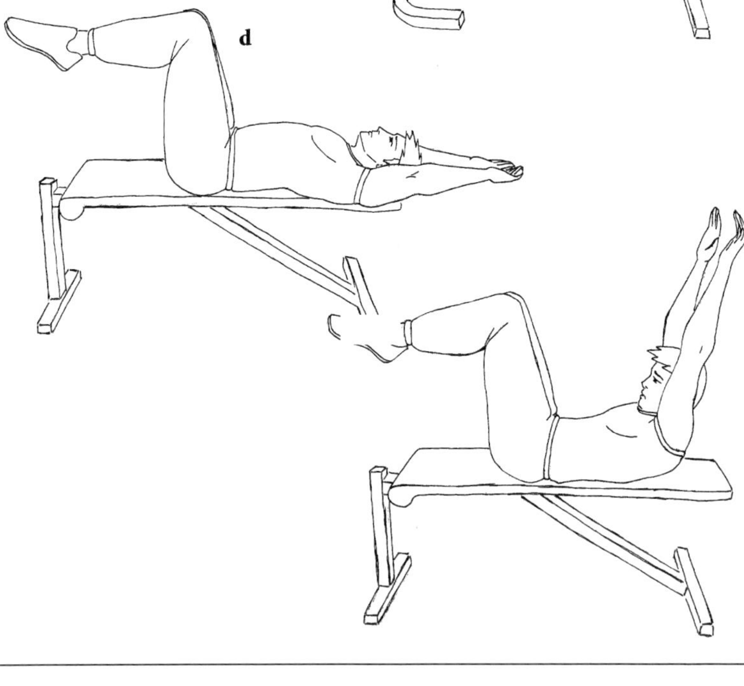

Variationen des Bauchpressens

Bauchpressen ist ebenfalls ziemlich schwer, ein Zusatzgewicht ist kaum vonnöten. Die Intensität lässt sich mit folgenden Maßnahmen noch steigern:

- indem bei angewinkelten Knien die Unterschenkel waagerecht gehalten werden,
- indem die Arme ausgestreckt nach hinten gehalten werden (das erhöht das »Gewicht«),
- indem die Kontraktion der Bauchmuskeln bei jeder Wiederholung einige Sekunden lang gehalten wird.

Eine beliebte Ausführung des Bauchpressens ist der »Dreisatz« als Kombination dieser Techniken:

- 7 Wiederholungen (Wdh.) mit aufgesetzten Füßen, Fäuste an der Schläfe
- 7 Wdh. mit angehobenen Unterschenkeln
- 7 Wdh. mit angehobenen Unterschenkeln und Armen nach hinten gestreckt.

Bauchpressen an der Bank ist von allen Varianten die am wenigsten effektive; sie sollte daher – wenn überhaupt – stets nach Beinheben oder Bauchpressen ausgeführt werden, wenn die Bauchmuskeln bereits vorerschöpft sind. So lässt sich das meiste aus dieser Übung herausholen. Es werden vor allem die oberen Bauchmuskeln gefordert.

Legen Sie sich dafür rücklings auf den Boden, die Unterschenkel ruhen auf einer Bank, wobei sich die Oberschenkel sich im Winkel von 90 Grad zum Körper befinden. Drücken Sie nun das Kinn auf die Brust, legen Sie die Fäuste an die Schläfen und ziehen Sie mit den Bauchmuskeln den Brustkorb in Richtung Becken – so weit, dass die Schultern vom Boden abheben. Atmen Sie dabei aus und spannen Sie die Bauchmuskeln in der kontrahierten Stellung einige Sekunden fest an. Entspannen Sie und lassen Sie die Schultern auf den Boden zurücksinken.

Einschätzung anderer Bauchübungen

Entgegen herkömmlicher Meinung sind Sit-Ups keine gute Übung für die Entwicklung der Bauchmuskeln. Die Bauchmuskeln dienen nämlich unter anderem dazu, den Oberkörper in Richtung des Beckens zu ziehen. Sie kontrahieren bei jenen Bauchübungen stärker, bei denen der Oberkörper nicht starr gehalten wird, wie bei Sit-Ups, sondern bis zur vollen Kontraktion der Bauchmuskeln »eingerollt« wird, wie beim Bauchpressen oder Beinheben mit hoch geführten Knien.

Bei den Sit-Ups kontrahieren vor allem die kleinen Hüftstrecker, die aber von außen nicht sichtbar sind. Früher hatte man angenommen, auch die Vielzahl der Wiederholungen trage zum Fettabbau in der Taillenregion bei, daher stammt auch der beliebte Wettbewerb unter Bodybuildern, wer die meisten Sit-Ups schafft. Auch dies hat sich als ziemlich nutzlos erwiesen – Sit-Ups kann man sich also wirklich schenken. Wenn Sie Fett am Bauch abbauen möchten, empfiehlt es sich eher, eine Diät und ein moderates aerobes Training aufzunehmen, das zeigt viel schneller die gewünschten Ergebnisse.

Wer Wert auf eine schlanke Taille legt, sollte auf das beliebte Seitbeugen verzichten; vor allem auf die Ausführung mit Gewicht. Diese Bewegung fordert die unteren Bereiche der seitlichen Bauchmuskeln (M. obliquus externus abdominis) sehr stark und deren Wachstum prägt einen unschönen »Wulst« über den Hüftknochen links und rechts außen aus.

Die professionellen Bodybuilder der 1960er und 1970er Jahre trainierten die Bauchmuskeln nur wenig. Diese Athleten hatten Angst, durch das Bauchtraining ihre Taille zu verbreitern. Das hätte der athletischen Erscheinung auf der Wettkampfbühne schaden können – angestrebt wurde, nach dem antiken Schönheitsideal, eine möglichst schmale Taille, um die V-Form des Oberkörpers zu betonen und die Schultern breiter erscheinen zu lassen.

Daher wurde der Bauch speziell vor einem Wettkampf mit vielen Wiederholungen traktiert – um eine gute Definition der Körpermitte zu erreichen. Entsprechend wiesen diese alten Champions zwar gut entwickelte Bauchmuskeln auf, waren aber von den in der Bauchregion extrem muskulösen Bodybuildern heutiger Tage weit entfernt.

Die Muskeln der Beine

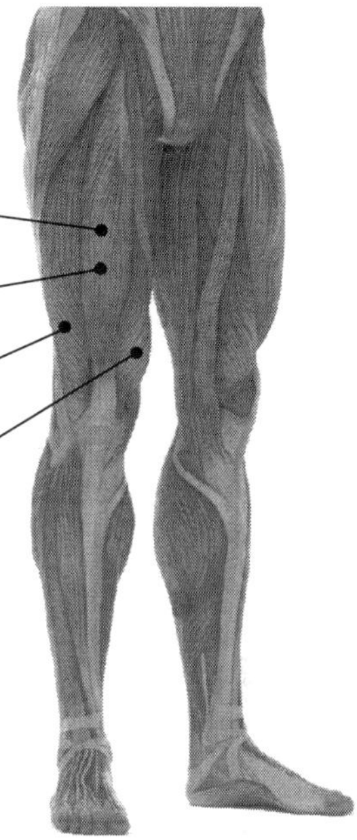

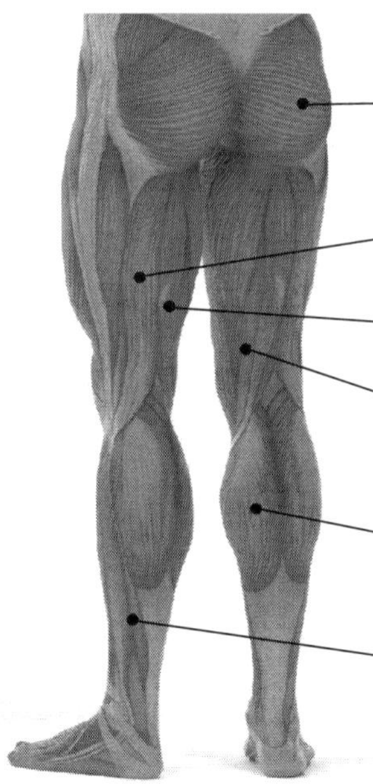

Die Muskeln der Beine

Vordere Oberschenkel
M. quadriceps femoris Der vierköpfige Oberschenkelmuskel weist folgende Muskelköpfe auf, die jeweils eigene Bezeichnungen haben:
- **M. rectus femoris** Der mittlere Oberschenkelmuskel beugt die Hüfte und streckt das Bein am Knie.
- **M. vastus intermedius** Der mittlere breite Oberschenkelmuskel wird von M. rectus femoris verdeckt. Zusammen mit dem...
- **M. vastus lateralis** als äußerer Oberschenkelmuskel und dem...
- **M. vastus medialis** als innerer Oberschenkelmuskel streckt er das Bein am Knie.

Gesäß
- **M. gluteus maximus** Der große Gesäßmuskel hebt das Bein an der Hüfte und dreht die Hüfte nach außen.

Hintere Oberschenkel
- **M. biceps femoris** Der zweiköpfige Oberschenkelmuskel (»Beinbizeps«),
- **M. biceps semitendinosus** der halbsehnige Muskel und...
- **M. biceps semimembranosus** der halbmembranöse Muskel ziehen jeweils den Unterschenkel nach hinten und heben das Bein an der Hüfte.

Waden
- **M. gastrocnemius** Der Zwillingswadenmuskel mit innerem und äußerem Kopf streckt den Fuß.
- **M. soleus** Der Schollenmuskel zieht den Fuß an.

Übungen für die Beine

Viele Bodybuilder vernachlässigen das Beintraining. Dabei vergeben sie die beste Chance auf ein schnelles Muskelwachstum am ganzen Körper. Die Muskeln des Oberschenkels und des Gesäßes zählen zu den größten des Körpers, entsprechend nachhaltig ist der Trainingseffekt, wenn sie mit schwerem Gewicht belastet werden. Vor allem Kniebeugen und Kreuzheben sind

Effektivität der Übungen für die Beine

Übung	Dehnung & Kontraktion	mögliches Gewicht	Einsatz von Synergisten	Wertung
• Kniebeuge mit der Langhantel *	+++	+++	+++	9
• Kreuzheben mit Langhantel *	++	+++	+++	8
• Ausfallschritte mit 2 Kurzhanteln	+++	+	+++	7
• Langhantel-Kreuzheben mit fast gestreckten Beinen (Beinbizeps)	+++	+	+++	7
• Beincurls an der Maschine (Beinbizeps)**	+++	+	++	5
• Beinstrecken an der Machine (Quadrizeps)	+++	+	+	5
• Wadenheben				
- stehend an der Maschine (Waden)	+++	++	+	6
- Eselreiten (Waden)	+++	++	+	6

* Mit Kurzhanteln weniger effektiv, da nicht so viel Gewicht eingesetzt werden kann

** Hier zwei »+« für den Einsatz von Synergisten, weil durch Anheben des Gesäßes und die Bewegung der Füße die Waden ins Spiel kommen; damit werden die Beinbizepse kräftig unterstützt. Trotzdem ist das Kreuzheben mit fast gestreckten Beinen die bessere Übung für die Beinbizepse; ein Versuch beweist es.

für jeden Kraftsportler, der schnell Muskeln aufbauen möchte, ein absolutes Muss. Da bei beiden Übungen viel Gewicht eingesetzt werden kann und fast alle anderen Muskeln des Körpers unterstützend oder stabilisierend an der Bewegung beteiligt sind, weiß der erfahrene Athlet, dass nicht nur Unterkörper und Rücken trainiert werden, auch das Muskelwachstum von Armen, Schultern und Brust wird angeregt.

Das klassische Kreuzheben gilt eigentlich als Übung für den Rücken, doch bei der Bewegung werden die Beine ebenfalls stark gefordert. Nicht nur die Quadrizepse auf der Vorderseite der Beine, sondern auch der sog. Beinbizeps auf der Rückseite und die Waden müssen sehr hart arbeiten. Und da beim klassischen Kreuzheben viel Gewicht eingesetzt werden kann, ist es auch, zusammen mit Langhantel-Kniebeugen, eine der effektivsten Beinübungen. Wer daran zweifelt, mag sich einmal die Beine guter Kraftdreikämpfer ansehen. Bei Ihnen sorgt die Wettkampfdisziplin Kreuzheben für eine ausgeprägte Entwicklung der hinteren Oberschenkel und der Waden. Zur Ausführung des Kreuzhebens siehe unter »Übungen für den Rücken«.

Das Kreuzheben mit fast gestreckten Beinen wird ebenfalls zum Rückentraining gezählt, ist aber eine der besten Übungen für Beinbizepse und Waden. Zwar kann bei der Bewegung nur ein leichtes bis mittleres Gewicht eingesetzt werden, doch weil die Muskeln auf der Rückseite der Beine beim Vorbeugen des Oberkörpers und Ablassen der Langhantel stark gedehnt werden, ist ihre anschließende Kontraktion beim Aufrichten und damit der Trainingseffekt wirklich gut. Die beliebten Beincurls an der Maschine sind dagegen ziemlich wirkungslos.

Kniebeuge

Die beste Grundübung überhaupt. Nach Dr. Randall Strossen, Autor des Buches »Super Kniebeugen«, hat die Kniebeuge in der Geschichte des Kraftsports mehr Muskelmasse aufgebaut, als alle anderen Übungen zusammen.

Stellen Sie sich vor den Kniebeugenständer und fassen Sie die Hantelstange mit etwas mehr als schulterweitem Obergriff. Dann schreiten Sie unter die Langhantel und platzieren die Stange so, dass sie etwas unterhalb des Nackens auf den Schulterblättern aufliegt. Die Stange darf also keineswegs auf den Nackenwirbeln ruhen – das ist viel zu verletzungsträchtig! Heben Sie die Hantel aus der Ablage und gehen Sie vorsichtig etwas vor bzw. zurück, um sich vom Hantelständer zu entfernen.

Nehmen Sie einen sicheren Stand ein, die Füße etwa zehn Zentimeter mehr als schulterweit auseinander und die Fußspitzen leicht nach außen gerichtet. Stehen Sie aufrecht und legen Sie den Kopf zurück in den Nacken. Fixieren Sie einen Punkt in Kopfhöhe an der gegenüber liegenden Wand mit

Übungen für die Beine – Kniebeuge mit der Langhantel

Beste Ganzkörper-Übung und beste Übung für die Beine sowie den Bauchmuskel und die Rückenstrecker – beide Muskelgruppen müssen die Bewegung stabilisieren. Voller Einsatz von Quadrizepsen und Gesäßmuskeln, die Beinbizepse und die Waden unterstützen kräftig. Alle anderen Muskeln des Körpers arbeiten mehr oder weniger stark mit.

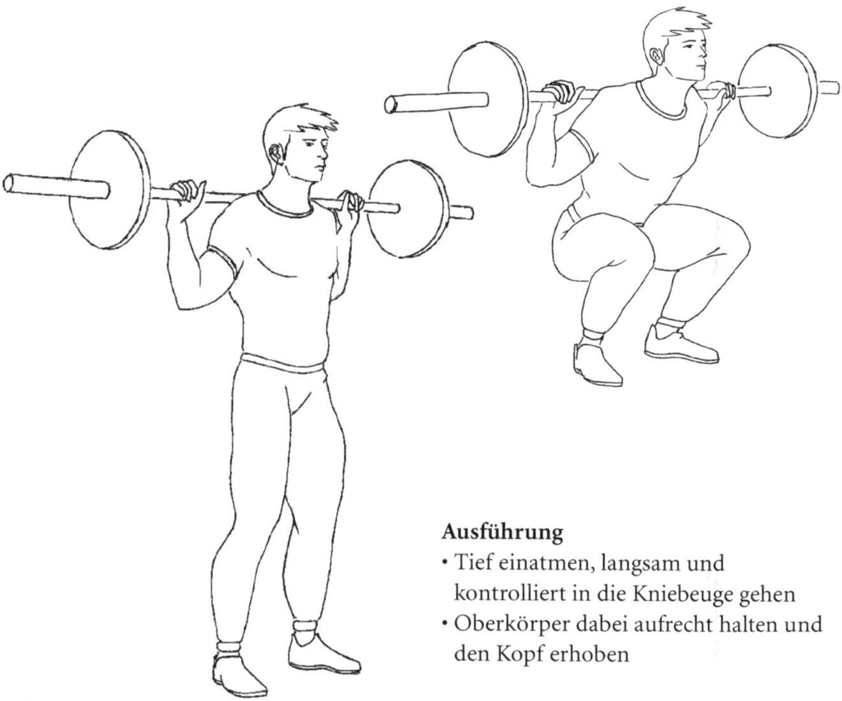

Ausführung
- Tief einatmen, langsam und kontrolliert in die Kniebeuge gehen
- Oberkörper dabei aufrecht halten und den Kopf erhoben

Start
- Unter die Stange treten und die Hantel aus der Ablage stemmen
- Hantelstange ruht unterhalb des Nackens auf den Schulterblättern
- Bequemen Stand einnehmen (etwas weiter als schulterbreit oder enger)
- Aufrecht stehen, Kopf erhoben

Ende
- Wenn die Oberschenkel sich parallel zum Boden befinden, die Aufwärtsbewegung einleiten, dabei kräftig Ausatmen
- Während der Abwärtsbewegung nicht vorbeugen, sondern den Oberkörper aufrecht halten und den Kopf erhoben

den Augen. Während der Abwärtsbewegung bleibt Ihr Blick stets auf diesen Punkt gerichtet; auf diese Weise nehmen Sie automatisch die richtige Haltung ein. Atmen Sie tief ein und halten Sie die Luft an. Gehen Sie nun langsam und kontrolliert so tief in die Kniebeuge hinunter, bis Ihre Oberschenkel sich parallel zum Boden befinden. Drücken Sie sich dann mit der Oberschenkelmuskulatur in einer explosiven, aber kontrollierten Bewegung wieder in den Stand zurück und atmen Sie dabei aus.

Sie sollten den Oberkörper während der gesamten Bewegung so aufrecht wie möglich halten. Versuchen Sie, mit den Schultern ebenso schnell heraufzukommen wie mit den Hüften. Auf diese Weise halten Sie den Oberkörper automatisch senkrecht und geraten nicht in Versuchung, sich vorzubeugen und die Muskulatur des unteren Rückens zu gefährden.

Gehen Sie auch nicht mit Schwung in die Kniebeuge, sondern langsam und kontrolliert. Die richtige Atmung ist besonders wichtig: Halten Sie den Atem an, wenn Sie in die Kniebeuge hinunter gehen. Beginnen Sie auszuatmen, wenn die Aufwärtsbewegung einsetzt. Pressen Sie dann die Luft kraftvoll aus Ihren Lungen; wenn Sie wieder aufrecht und sicher stehen, sollten Ihre Lungen vollständig geleert sein.

Für eine bessere Balance können Sie ein kleines Brett oder zwei kleine Hantelscheiben unter Ihre Fersen legen. Kniebeugen sollten stets mit einem Partner trainiert werden, der Ihnen beisteht, falls Sie die letzte Wiederholung nicht mehr schaffen.

Wenn Ihnen der schulterweite Stand nicht zusagt oder wenn sich Schmerzen in den Knien einstellen, dann ändern Sie den Stand nach Belieben. Wir sind alle anatomisch etwas anders gebaut; wenn Sie mit einem engen Stand und parallelen Füßen besser zurechtkommen, so ist dagegen nichts einzuwenden.

Sie sollten auch nicht zu tief hinunter gehen: Es reicht, wenn die Oberschenkel sich parallel zum Boden befinden. Natürlich lässt sich mit einer tieferen Position – im Extrem so weit, dass das Gesäß die Fersen berührt – eine noch bessere Dehnung der Oberschenkel erreichen (und damit am Ende auch eine bessere Kontraktion). Doch dabei werden die Knie über Gebühr strapaziert. Daher ist von sehr tiefen Kniebeugen abzuraten – die Verletzungen am Knie müssen sich nämlich nicht sofort äußern: Es kann länger dauern, bis sich Schmerzen einstellen; dann ist der Schaden aber schon eingetreten. Bei den Kniebeugen sorgt das recht hohe Gewicht zuverlässig dafür, dass die Oberschenkel maximal belastet werden. Eine in korrekter Haltung nicht zu tief ausgeführte Kniebeuge stärkt das Knie und verletzt es nicht. So kann man diese großartige Kraftsportübung sein Leben lang trainieren.

Ausfallschritt mit zwei Kurzhanteln

Ausfallschritte sind eine alte Kraftsportübung; sie eignen sich vorzüglich zur Entwicklung der vorderen Oberschenkel, der Beinbeuger und des Gesäßes. Schon mit relativ geringen Gewichten stellen sich hier gute Erfolge ein, da es sich um eine natürliche Bewegung handelt, die viele Muskeln direkt anspricht und obendrein auch noch Balancearbeit erfordert.

Werden die Ausfallschritte mit schweren Kurzhanteln ausgeführt (ev. Zugriemen oder andere Griffhilfen einsetzen), dann ist das eine anspruchsvolle Übung, die sehr anstrengend ist. Sie kann die Kniebeugen zwar nicht ersetzen, aber Oberschenkel, Waden und Gesäß sehr gut trainieren, wenn einmal keine ausgeführt werden können.

Ausfallschritte sind mit einer Langhantel auf den Schultern bekannter, doch die Variante mit Kurzhanteln ist vorzuziehen: Mit der Langhantel und hohem Schwerpunkt des Gewichts kann man die Balance nicht gut halten, was die verwendete Last einschränkt. Darüber hinaus befindet sich das Gewicht über der Taille, was den unteren Rücken belastet. Der wird aber bei Kniebeugen und Kreuzheben schon stark gefordert und braucht ziemlich lange, um sich zu erholen. Beide Nachteile sind bei der Ausführung mit Kurzhanteln nicht zu befürchten: Die Gewichte befinden sich an den gestreckten Armen tiefer als die Taille und der untere Rücken wird deutlich weniger belastet. Wegen des tieferen Schwerpunkts ist bei der Bewegung auch die Balance besser zu halten.

Übungen für die Beine – Ausfallschritt mit zwei Kurzhanteln

Sehr gute Übung für die Beine und das Gesäß, während der untere Rücken kaum belastet wird. Voller Einsatz von Quadrizepsen, Beinbizepsen und des Gesäßes; die Waden unterstützen kräftig. Die Muskeln des Oberkörpers stabilisieren die Bewegung.

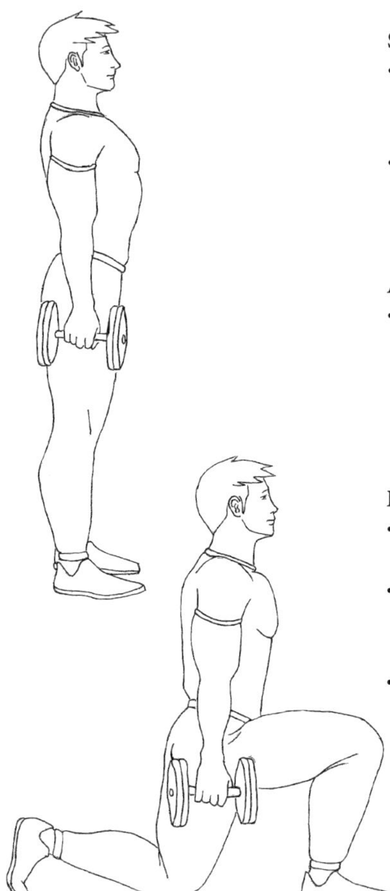

Start

- Aufrecht stehen und rechts und links eine Kurzhantel am ausgestreckten Arm halten
- Füße enger als schulterweit, Oberkörper aufrecht, Kopf erhoben

Ausführung

- Den rechten Fuß eine großen Schritt nach vorn setzen und das linke Bein beugen, bis das Knie den Boden berührt

Ende

- Mit dem rechten Bein wieder hochdrücken
- Wenn der Stand auf dem linken Bein gewährleistet ist, den rechten Fuß zurückführen
- Weiter mit Ausfallschritt links

Greifen Sie zur Ausführung mit den Händen je eine Kurzhantel, halten Sie diese mit Hammergriff an den herabgestreckten Armen seitlich am Körper und stehen Sie aufrecht. Setzen Sie nun Ihren rechten Fuß einen großen Schritt nach vorn und beugen Sie das linke Bein, bis Sie mit dem Knie den Boden berühren; atmen Sie dabei ein. Drücken Sie sich dann mit dem rechten Bein hoch und atmen Sie dabei aus. Nehmen Sie die Ausgangsstellung wieder ein, indem Sie die Füße nebeneinander setzen. Jetzt erfolgt der Ausfallschritt mit dem anderen Bein. Fahren Sie so lange fort, bis Sie einen Satz vollendet haben.

Man kann Ausfallschritte auch mit rückgesetztem Standbein ausführen. Dafür setzen Sie das Standbein erst einen Schritt zurück, bevor das zu trainierende Bein einen Schritt vorgesetzt wird. Nachdem das Knie des Standbeins den Boden berührt hat, drücken Sie sich mit dem vorgesetzten Bein wieder hoch und nehmen die Ausgangsposition ein. Das Zurückstellen des Standbeins verringert den Bewegungsspielraum bei dieser Übung und erleichtert die Koordination. Es nimmt ihr aber auch viel von ihrer Effektivität. Diese Ausführung empfiehlt sich deshalb für alle, die bei den traditionellen Ausfallschritten zunächst Probleme haben, das Gleichgewicht zu halten.

Kreuzheben mit fast gestreckten Beinen

Diese Variante trainiert vor allem die Beinbeuger auf der Rückseite der Oberschenkel; stark gefordert werden auch Gesäß und Waden. Dabei belastet sie den unteren Rücken deutlich weniger, als die verwandte Übung »Good Mornings«, die mit der Hantel im Nacken und gestreckten Beinen ausgeführt wird.

Egal ob mit der Langhantel oder zwei Kurzhanteln ausgeführt, das Gewicht sollte im leichten bis mittelschweren Bereich liegen. Für schwere Lasten eignet sich das Kreuzheben mit fast gestreckten Beinen weniger, weil der untere Rücken die Hauptlast tragen müsste. Der wird aber bei Kniebeugen und Kreuzheben schon schwer genug trainiert. Trotzdem dürfen Sie sich auf deutlichen Muskelkater gefasst machen, da die gute Dehnung der hinteren Ober-

Übungen für die Beine – Kreuzheben mit fast gestreckten Beinen

Nach dem Kreuzheben die beste Übung für den Beinbizeps. Voller Einsatz der Beinbizepse und der Waden. Gesäß und Rückenstrecker unterstützen kräftig und die restliche Rückenmuskulatur kontrahiert, wenn die Schultern am Ende der Bewegung zurückgenommen werden. Bizepse und Schultern helfen ebenfalls ein wenig mit.

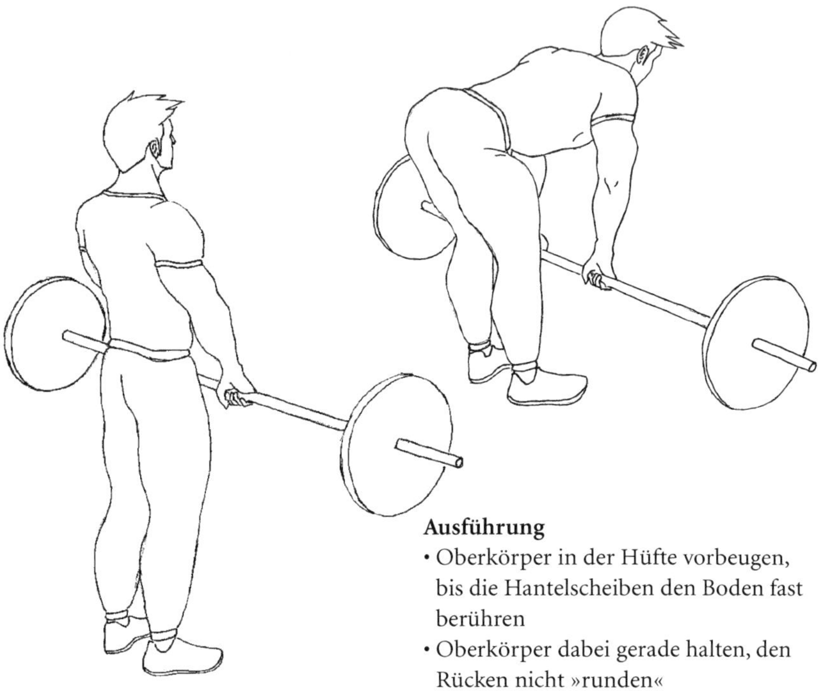

Start
- Langhantel mit schulterweitem Obergriff vor dem Körper halten und einen engen Stand einnehmen
- Knie leicht beugen, um die Beinbizepse nicht zu überdehnen
- Oberkörper aufrecht, Kopf erhoben

Ausführung
- Oberkörper in der Hüfte vorbeugen, bis die Hantelscheiben den Boden fast berühren
- Oberkörper dabei gerade halten, den Rücken nicht »runden«
- Die Knie werden stets in der leicht gebeugten Stellung gehalten, die Beine bewegen sich nicht

Ende
- Oberkörper aufrichten, Schultern zurücknehmen
- Rücken, Gesäß und Beinbizepse kurz fest anspannen

schenkel beim Vorbeugen zu einer sehr guten Kontraktion der Beinbeuger beim Aufrichten führt. Auch die Waden werden sehr gut mit trainiert. Tatsächlich eignet sich diese Rückenübung besser für das Training der Beinbeuger, als die im Fitness-Studio so beliebten Curls auf dem Beintisch.

Man nimmt dafür eine Langhantel mit schulterweitem Griff (oder zwei nicht zu schwere Kurzhanteln), geht leicht in die Knie (die Übung nie mit voll gestreckten Beinen ausführen, um eine Zerrung in den Beinbizepsen zu vermeiden) und beugt den Oberkörper in der Hüfte vor, bis das Gewicht den Boden fast berührt. Der Oberkörper wird während der Auf- und Abwärtsbewegung gerade gehalten, Sie dürfen den Rücken nicht beugen. Atmen Sie bei der Abwärtsbewegung tief ein und beginnen Sie auszuatmen, wenn die Aufwärtsbewegung eingeleitet wird. Am höchsten Punkt der Bewegung sollten Sie das Gesäß und die Oberschenkel kurz anspannen, bevor die nächste Wiederholung beginnt.

Beinstrecken

Beinstrecken isoliert zwar die vorderen Oberschenkel am besten, kann deswegen aber nur mit vergleichsweise wenig Gewicht ausgeführt werden. Das schränkt die Effektivität dieser Übung für das Muskelwachstum deutlich ein. Darüber hinaus erzwingt die Maschine den Bewegungsablauf – das macht die Ausführung, vor allem mit schwererem Gewicht, häufig unangenehm.

Nehmen Sie auf dem Beintisch Platz und verankern Sie die Knöchel hinter den Beinpolstern. Wenn möglich, sollte die Rotationsachse Ihres Kniegelenks mit der des Hebelarms übereinstimmen. Lehnen Sie sich zurück, umfassen Sie die seitlichen Griffe der Maschine und stabilisieren Sie den Oberkörper. Strecken Sie Ihre Beine dann langsam durch, bis die Quadrizepse voll kontrahieren. Verharren Sie kurz in der oberen, voll kontrahierten Position, bevor Sie das Gewicht langsam wieder absenken.

Wenn die großen Zehen nach innen zeigen, werden die äußeren Partien der Oberschenkel stärker belastet; bei nach außen gerichteten Zehen die oberen und inneren Partien.

Übungen für die Beine – Beinstrecken an der Maschine

Voller Einsatz der Quadrizepse, lediglich stabilisierende Funktion der Rückenstrecker und der restlichen Rückenmuskulatur. Wenn die großen Zehen nach innen zeigen, werden die äußeren Partien der Oberschenkel stärker belastet; bei nach außen gerichteten Zehen die oberen und inneren Partien.

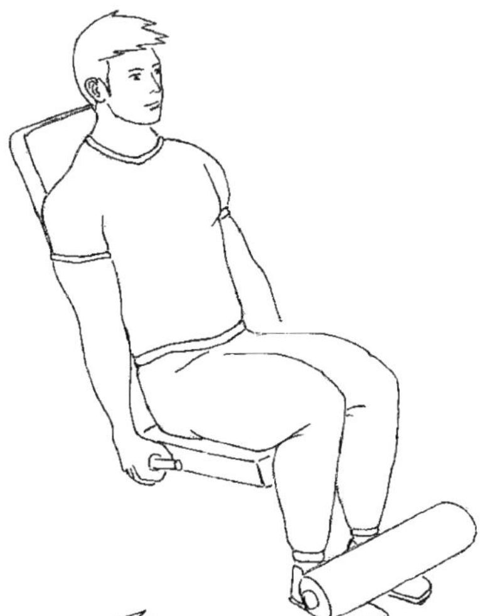

Start
- Auf die Maschine setzen und die Knöchel hinter die Beinpolster bringen

Ausführung
- Das Gewicht langsam hochführen, indem die Beine gestreckt werden

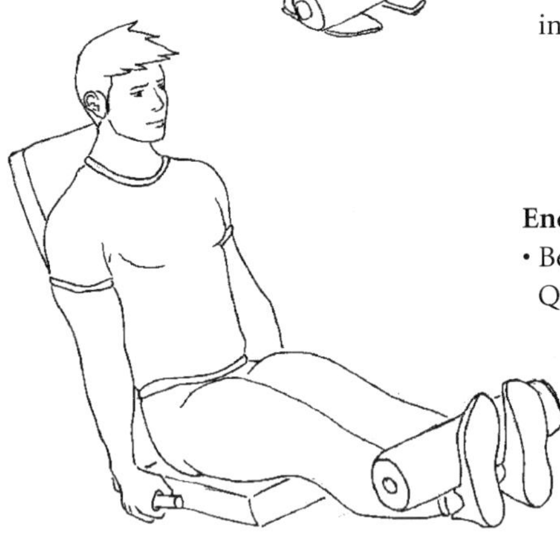

Ende
- Bei voller Streckung der Beine die Quadrizepse kurz fest anspannen

Beincurl

Wegen des geringen Gewichts, das bei den klassischen Beincurls eingesetzt werden kann, ist diese Übung für die hinteren Oberschenkel lange nicht so effektiv wie die verschiedenen Varianten des Kreuzhebens. Legen Sie sich zur Ausführung bäuchlings auf die Beincurl-Maschine und positionieren Sie die Rückseite der Knöchel unter den Polstern des Hebelarms. Ihre Knie liegen so nah wie möglich am unteren Ende der Bank, aber nicht darauf. Die Rotationsachse der Kniegelenke sollte mit der des Hebelarms übereinstimmen. Umfassen Sie die seitlich angebrachten Griffe.

Ziehen Sie das Gewicht durch Kontraktion der Beinbizepse nun langsam hoch. Versuchen Sie, mit den Polstern hinter den Fersen das Gesäß zu berühren. Kurz vor der Endposition müssen Sie das Gesäß anheben und den Rücken leicht zum Hohlkreuz wölben, so kontrahieren die hinteren Oberschenkel besser. Halten Sie die Kontraktion in den Beinbizepsen für einen Moment, bevor Sie das Gewicht langsam wieder absenken. Wenn Sie sich der kontrahierten Position nähern, sollten Sie die Zehen in Richtung der Knie anziehen. So dehnen Sie die Wadenmuskeln und vergrößern den Bewegungsspielraum der hinteren Oberschenkel.

Wadenheben stehend

Dies ist die Standardübung zur Entwicklung der Wadenmuskeln. Wer allerdings schweres Kreuzheben und Kreuzheben mit fast gestreckten Beinen trainiert bzw. Kniebeugen und Ausfallschritte – alles Übungen, welche die Waden bereits sehr gut entwickeln – kann sich schweres Wadenheben eigentlich sparen. Es ergibt dann mehr Sinn, nach den schweren Beinübungen ein oder zwei Sätze Wadenheben mit mittlerem Gewicht und höheren Wiederholungszahlen auszuführen, um diese Muskeln abschließend zu erschöpfen.

Stellen Sie sich mit dem Gesicht zur Wadenmaschine und beugen Sie die Knie so weit, dass Sie die Schultern unter den Polstern der Maschine platzieren können. Nehmen Sie einen engen Stand auf der Plattform der Wadenmaschine ein, bevor Sie sich aufrichten und die Beine durchstrecken. Nur die

Übungen für die Beine – Beincurl an der Maschine

Wegen des geringen Gewichts für das Training der Beinbizepse weniger effektiv als das klassische Kreuzheben oder das Kreuheben mit fast gestreckten Beinen. Voller Einsatz der Beinbizepse; das Gesäß, die Rückenstrecker und die Waden unterstützen bei der Bewegung.

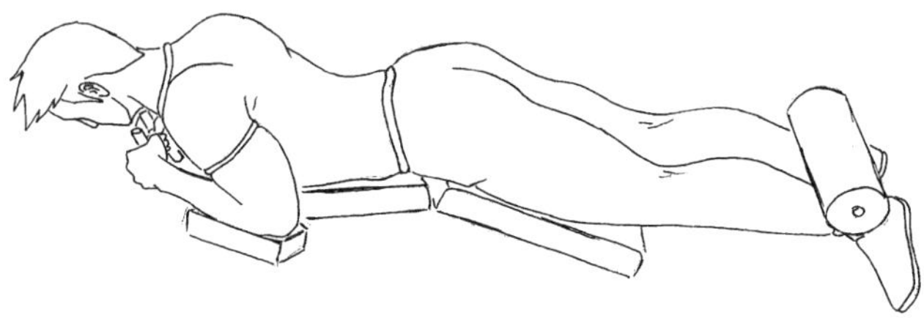

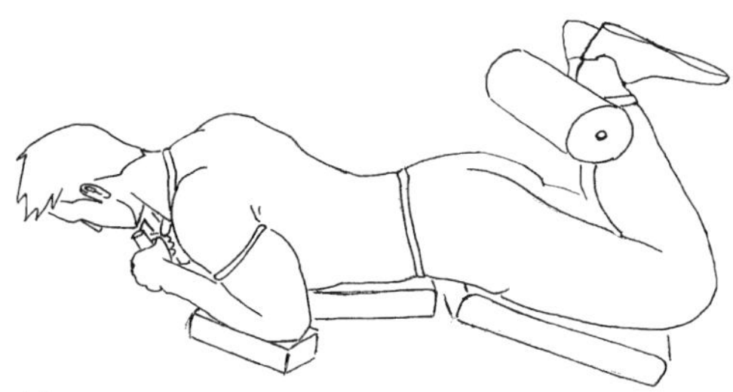

Start
- Bäuchlings auf die Beincurl-Maschine legen
- Rückseite der Knöchel unter den Polstern platzieren

Ausführung
- Gewicht durch Kontraktion der Beinbizepse hochziehen
- Gesäß dabei leicht anheben
- Zehen zu den Knien hin anziehen, das dehnt die Waden und vergrößert den Bewegungsspielraum der Beinbizepse. So wird eine stärkere Kontraktion dieser Muskeln erzielt.

Ende
- Gesäß angehoben, Zehen zu den Knien gebeugt
- Fersen so weit wie möglich zum Gesäß geführt
- Beinbizepse kurz fest anspannen

Übungen für die Beine – Wadenheben stehend an der Maschine

Voller Einsatz der Wadenmuskulatur. Die Rückenstrecker und die Muskeln des Oberkörpers stabilisieren. Bei weitem Stand der Zehen und einwärts gekehrten Fersen kontrahiert die Innenseite des Wadenmuskels stärker; bei engem Stand der Zehen und auswärts gekehrten Fersen dagegen die Außenseite der Waden.

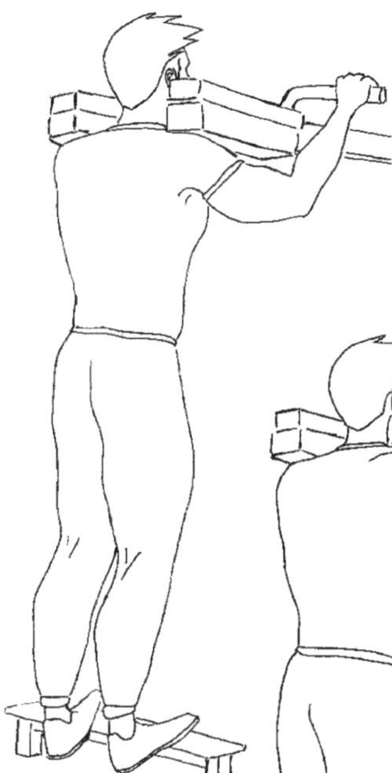

Start
- Engen Stand in Wadenmaschine einnehmen, Schultern unter den Polstern
- Zehen und Fußballen auf der Plattform, Fersen ragen darüber hinaus
- Knie durchdrücken und Gewicht anheben

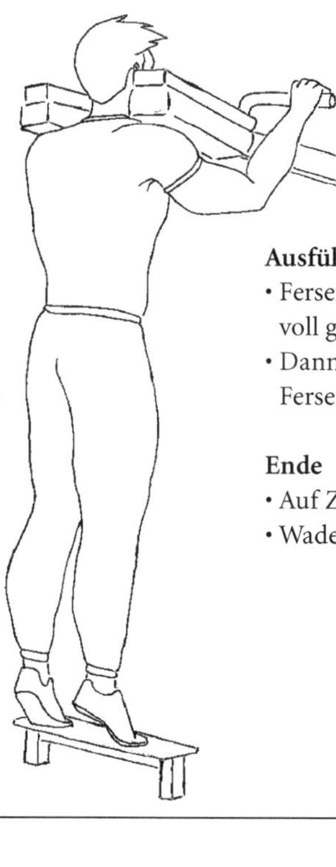

Ausführung
- Fersen weit absenken, bis die Waden voll gestreckt sind
- Dann mit gestreckten Beinen die Fersen so hoch wie möglich anheben

Ende
- Auf Zehenspitzen stehen
- Waden kurz fest anspannen

Zehen und Fußballen haben Kontakt mit der Plattform. Drücken Sie die Knie durch, die Zehen zeigen nach vorn. Verändern Sie diese Haltung während der Bewegung nicht.

Senken Sie nun die Fersen so weit herab, bis Sie eine deutliche Streckung in den Waden spüren, dies ist die Ausgangsposition. Heben Sie die Fersen nun langsam an und versuchen Sie, auf den Zehenspitzen zu stehen. Die Aufwärtsbewegung sollte langsam und kontrolliert erfolgen, ohne dass die Knie dabei gebeugt werden. Verharren Sie einen Augenblick in der höchsten Position und gehen Sie anschließend langsam in die Ausgangsposition zurück. Dehnen Sie die Waden in der tiefsten Position, bevor Sie die Bewegung wiederholen, dann können die Muskeln anschließend besser kontrahieren.

Wenn Sie einen weiteren Stand wählen und die Fersen nach innen zeigen, belasten Sie die Innenseite des Wadenmuskels stärker. Bei einem engen Stand und auswärts gekehrten Fersen wird der äußere Wadenmuskel stärker gefordert.

Wenn keine Wadenmaschine vorhanden ist, kann Wadenheben auch in einer Smith-Maschine (Multipresse), trainiert werden, wenn Sie auf einem Wadenblock stehen. Dabei ruht die Stange entweder auf den Schultern oder sie wird mit gestreckten Armen gehalten.

Wadenheben vorgebeugt

Die Variante des vorgebeugten Wadenhebens wird im Englischen »Donkey Calf Raise« genannt, frei übersetzt »Eselreiten«. Sie bietet die Möglichkeit, Wadenheben zu trainieren, wenn keine Wadenmaschine oder Multipresse zur Verfügung steht. Allerdings wird dazu ein Trainingspartner benötigt, der das »Gewicht« mitbringt.

Stehen Sie mit den Fußballen auf einem Wadenblock, strecken Sie die Beine durch und beugen Sie den Oberkörper vor, bis er sich parallel zum Boden befindet. Stützen Sie sich mit den Unterarmen auf eine Fensterbank oder einen Tisch; in unserem Beispiel wird eine Trainingsbank genutzt. Der Trainingspartner setzt sich auf Ihren Rücken. Sollten Sie mehr Gewicht benö-

Übungen für die Beine – Wadenheben vorgebeugt (Eselreiten)

Voller Einsatz der Wadenmuskulatur. Die Rückenstrecker und die Muskeln des Oberkörpers sind weitgehend ausgeschaltet. Die Belastung der inneren bzw. äußeren Wadenmuskeln wird wie beim stehenden Wadenheben gesteuert.

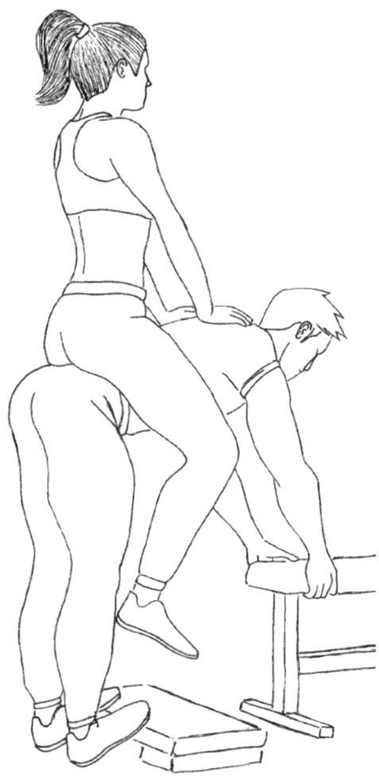

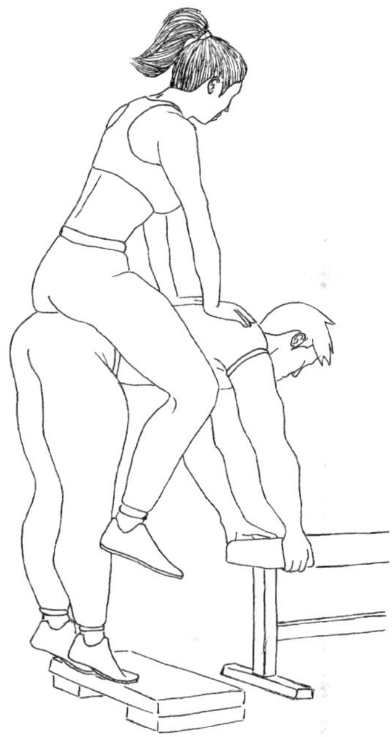

Start

- Zehen und Fußballen befinden sich auf einem Wadenblock, Fersen ragen darüber hinaus
- Oberkörper vorbeugen und Ellbogen bzw. Hände aufstützen. Der Partner setzt sich auf die Hüften (nicht auf den unteren Rücken)

Ausführung

- Beine strecken und Fersen tief absenken
- Dann Fersen so hoch wie möglich anheben

Ende

- Auf Zehenspitzen stehen
- Waden kurz fest anspannen

tigen, kann er noch eine Gewichtsscheibe halten. Sorgen Sie dafür, dass der Partner sich weit hinten auf Ihre Hüften setzt. Er sollte sich auch nicht vorbeugen, sondern den Oberkörper vielmehr aufrecht halten. So ruht sein Körpergewicht direkt über Ihren Wadenmuskeln.

Strecken Sie die Beine durch und halten Sie sie während der ganzen Bewegung so. Die Ausführung der Übung und die Fußstellungen sind die gleichen wie beim Wadenheben stehend; führen Sie die Wiederholungen bis zum Muskelversagen durch. Wenn Sie allein trainieren, legen Sie einen mit Hantelscheiben bestückten Gewichtgürtel an. So können Sie Eselreiten – wenn auch mit weniger Gewicht – ohne Partner ausführen.

Einschätzung anderer Beinübungen

Für das Training der Beine gibt es in den Fitness-Studios eine Vielzahl von Maschinen. Beinpresse und Hackenschmidt-Maschine erlauben es, Varianten der Kniebeuge auszuführen. An weiteren Maschinen oder am Kabelzug können die Adduktoren (jene Muskeln, die das Bein seitlich zum Körper ziehen) und die Abduktoren (die das Bein vom seitlich vom Körper spreizen) speziell trainiert werden. All diese Bewegungen werden aber mehr oder weniger geführt, d.h. durch die Maschine vorgegeben. Damit wird die Mithilfe unterstützender Muskeln weitgehend ausgeschaltet und der Trainingseffekt ist deshalb geringer als bei den Bewegungen mit freien Gewichten.

Frontkniebeugen, bei denen die Langhantel bei verschränkten Armen auf den vorderen Schultern ruht, sind zwar eine »freie« Übung, doch erlauben sie nur relativ wenig Gewicht. Das schränkt wiederum das Potenzial für das Muskelwachstum ein.

All diese Übungen sollten daher lediglich als gelegentliche Ergänzung bzw. Abwechslung zu den zuvor aufgeführten, synergistischen Beinübungen gesehen werden. Diese erlauben mehr Gewicht, beziehen viele andere Muskeln unterstützend und stabilisierend ein und sind daher viel effektiver für den Muskelaufbau.

*

KAPITEL 3

DIE TRAININGSPROGRAMME

Der Einstieg in das Training

Wenn Sie das erste Mal in ein Fitness-Studio kommen, wird sich das Personal dort gut um Sie kümmern. Sie werden vermutlich einen Fitness-Check durchlaufen, man wird Ihren Körperfettanteil messen und dann wird man Ihnen ein Trainingsprogramm für den Einstieg in das Krafttraining präsentieren. Die Trainer im Studio werden sich große Mühe geben, Ihnen die Geräte zu erklären und Sie bei Ihren ersten Trainingseinheiten begleiten, um Sie zu motivieren und Ihnen mögliche Fehler aufzuzeigen. All das wird Ihnen helfen, die anfängliche Scheu vor dem Fitness-Studio und vor körperlichem Training abzubauen und das Studio als einen Ort kennenzulernen, wo der Alltag außen vor bleibt, wo man neue Freunde trifft und den Körper in Form bringen kann.

Wenn Sie Ihrem Trainer dieses Buch präsentieren, wird er Ihnen aber vermutlich erzählen, dass es sich für Sie überhaupt nicht eignet, dass die Trainingsprogramme nur für Bodybuilder gedacht sind und wahrscheinlich auch, dass viele der hier empfohlenen Übungen wie Kniebeugen oder Kreuzheben gefährlich und schlecht für den Rücken seien. Sie werden auch feststellen, dass die meisten Mitglieder im Fitness-Studio an Geräten trainieren und nur die wenigsten Leute eine Hantel überhaupt anfassen. Dabei ist das Training mit Lang- und Kurzhanteln ungleich wirksamer als das Training an den chromblitzenden Fitness-Maschinen.

Eine Maschine zwingt Sie zu einem starren Bewegungsablauf und isoliert weitgehend die zu bearbeitende Muskelregion; so kann oft nur wenig Gewicht verwendet werden. Maschinen verhindern fast immer, dass andere Muskeln unterstützend und stabilisierend eingreifen können. Das Training mit Lang- oder Kurzhanteln erlaubt dagegen einen freien Bewegungsablauf, der sich Ihrem Körperbau anpasst. Hanteln erfordern einen festen Griff, eine bessere Balance, mehr Konzentration und so letztlich eine größere Anstrengung. Zudem braucht es für das Hanteltraining den unterstützenden und stabilisierenden Einsatz von vielen weiteren Muskeln. Deshalb können Sie beim Training mit Hanteln nicht nur mehr Gewicht bewegen, sie trainieren auch viel effektiver und bauen deshalb schneller Muskeln auf.

Die einzigen Maschinen, die beim synergistischen Training wirklich eingesetzt werden, sind Kabelzugmaschinen und, falls gewünscht, einige Maschinen für das Beintraining. Eine Kabelzugmaschine schränkt die Bewegungsfreiheit nur wenig ein; sie ist deshalb nicht mit den Butterfly-, Curl- oder Drück-Maschinen zu vergleichen, die im Fitness-Studio so viel Platz einnehmen. Wenn Sie Ihren Körper umfassend trainieren möchten, mit wenig Zeiteinsatz so effektiv wie möglich Muskelmasse aufbauen und Fett verlieren möchten, dann sind Hanteln und Kabelzüge genau richtig für Sie.

Die im 2. Kapitel aufgeführten synergistischen Übungen eignen sich sowohl für Anfänger, als auch für Fortgeschrittene. Die Kniebeuge, erklärter Feind der meisten Trainer im Fitness-Studio, soll uns hier als Beispiel dienen: Bei der Kniebeuge können Sie zunächst ohne Gewicht üben, bis Sie die richtige Haltung beherrschen – das ist »ungefährlich«. Probieren Sie ruhig unterschiedliche Fuss-Stellungen aus. Die Bewegung sollte Ihnen keine Unannehmlichkeiten oder gar Schmerzen bereiten (die sich häufig erst einige Tage nach dem Training einstellen). Man kann leider keine allgemeine Empfehlung geben, da alle Menschen anders »gebaut« sind: Der eine hat lange Beine und zunächst Probleme, bei Kniebeugen die Balance zu halten. Dem anderen mit kurzen Beinen bereitet das überhaupt keine Probleme. Selbst die Hüft- und Kniegelenke sind manchmal nicht auf beiden Seiten einer Person völlig gleich ausgerichtet. Deshalb muss jeder Bodybuilder seinen »Stand« finden.

Wenn das geschafft ist, gehen Sie dazu über, nur mit der Langhantelstange zu trainieren, d.h. ohne Gewichtsscheiben und Sie werden diese (zugegeben, nicht sehr einfache) Übung sehr schnell beherrschen. Dann können Sie beginnen, Gewicht aufzupacken und wirklich effektiv zu trainieren. Je öfter Sie Kniebeugen ausführen, desto stärker werden Sie.

Das Gleiche gilt für alle anderen Übungen, die in diesem Buch empfohlen werden. Sicher, wenn Sie mit dem Training beginnen, werden Sie zunächst vermutlich Mühe haben, auch nur einen Klimmzug korrekt auszuführen. Ich kann Ihnen aber nur raten: Geben Sie nicht auf und schon bald werden Ihnen zwei gelingen, dann drei und nach einiger Zeit auch ganze Sätze dieser schweren Übung. Und Sie spüren von Woche zu Woche mehr, wie gut Ihnen das Training bekommt: Sie werden Ergebnisse sehen. Das war es doch schließlich, was Sie bewogen hat, in ein Fitness-Studio zu gehen, oder?

Lassen Sie sich also nicht verunsichern. Die Übungen und Programme in diesem Buch sind sehr wohl für Anfänger geeignet, und zwar für Männer ebenso, wie für Frauen. Keine Sorge, meine Damen, auch wenn Sie sehr hart trainieren, werden Sie keine unförmigen Muskelberge aufbauen, dazu fehlt Ihnen das Testosteron in der Menge, wie es bei Männern vorkommt. Was Sie dagegen erwarten können, ist ein perfekter Körper. Aber auch für die Männer gilt: Wer keine schweren Gewichte einsetzen will, um nicht »zu muskulös« zu werden, der trainiert nicht besonders effektiv. Statt die Zeit im Studio mit ineffektiven Übungen und wenig Gewicht zu vergeuden, empfiehlt es sich, nicht so häufig, dafür aber hart zu trainieren. Erst dann stehen Zeiteinsatz und Resultat im korrekten Verhältnis zueinander. Gleichzeitig wird der Fortschritt beim Muskelaufbau verlangsamt, so dass es nicht zu »Muskelbergen« kommt.

Ich würde Ihnen raten, bei den ersten Besuchen im Studio den Anweisungen der Trainer zu folgen. Wenn Sie erst einmal wissen, wo Sie alles finden, dann können Sie einsteigen: Wählen Sie eines der auf den folgenden Seiten vorgestellten Programme aus (2, 3, oder 4 Tage Training pro Woche, wie es Ihnen passt) und versuchen Sie zunächst, die Übungen so korrekt wie möglich auszuführen. Das Gewicht spielt jetzt noch keine große Rolle. Nehmen

Sie dieses Buch einfach mit ins Studio und lesen Sie nach, wenn Sie sich vielleicht bei einer Bewegung nicht ganz sicher sind. Nach einigen Wochen Training wird es Ihnen schon viel leichter fallen und Sie sollten ein Gefühl dafür bekommen haben, wie viel Gewicht Sie bei den verschiedenen Übungen einsetzen können.

Dann kann es schon richtig losgehen: Bleiben Sie noch für einige Wochen bei dem ausgewählten Programm und versuchen Sie jetzt, bei jeder Übung mehr Gewicht zu bewegen und so viele Wiederholungen wie möglich zu schaffen.

In einem hat der skeptische Trainer im Fitness-Studio allerdings recht: Wenn Sie Ihren eigenen Weg gehen und ein synergistisches Training wählen, wie es in diesem Buch beschrieben wird, dann unterscheiden Sie sich deutlich von der »normalen« Klientel, die sonst im Fitness-Studio zu finden ist: Sie trainieren ernsthaft und der Gang ins Studio hat bei Ihnen nicht nur eine Alibi-Funktion. Sie werden viel schnellere Fortschritte machen, als die anderen und, noch wichtiger, Sie werden Ihre selbst gesteckten Ziele erreichen.

Einige Worte zur Trainingsintensität

Die meisten Bodybuilder setzen alles daran, ihr Training so intensiv wie möglich zu gestalten. Beim Bankdrücken mit der Langhantel werden an einen Satz häufig Intensivwiederholungen mit Partnerhilfe angehängt, beim Bizepstraining am Ende eines Satzes noch Teilwiederholungen angefügt. Das entspricht der Trainingsphilosophie, den trainierten Muskel so weit wie möglich zu erschöpfen, um das Muskelwachstum maximal anzuregen. Doch das ist häufig des Guten zu viel.

Das Wichtigste sollte immer sein, die Bewegung so sauber wie möglich auszuführen. Das allein erzwingt bereits eine langsame Ausführung jeder einzelnen Wiederholung und es steigert die Intensität beträchtlich! Wer mehrmals pro Woche so trainiert und noch die bekannten Intensitätstechniken hinzufügt, der bewegt sich schnell am Rande des Übertrainings. Mit ausgereizter Erholungskapazität wird das Training aber schnell zur Qual und die

Fortschritte bleiben aus. Das Problem vergrößert sich mit zunehmender Trainingserfahrung, weil der erfahrene Athlet immer mehr Muskelfasern einsetzen und daher noch schneller übertrainieren kann.

Neben der betont langsamen Ausführung der Übungen kann die Höchstkontraktion am Ende jeder Wiederholung als eine weitere, nicht zu anstrengende Intensitätstechnik genutzt werden. Wer die Zielmuskulatur am Ende der Bewegung jeweils kurz fest anspannt (1 Sekunde genügt), der hat aus der Wiederholung alles herausgeholt. Überdies prägt man sich so unbewusst ein, dass eine Wiederholung stets mit der größtmöglichen Dehnung beginnt und mit der maximalen Kontraktion abgeschlossen wird.

Weitere Intensitätstechniken sind beim synergistischen Muskeltraining nicht nötig. Ein gut geplantes Krafttraining mit schweren Grundübungen verlangt dem Körper bereits einiges ab. Die Synergie durch die spezielle Übungsabfolge und besonderen Übungen nimmt zwar jene Belastung heraus, die bei den meisten Trainingsprogrammen durch zu viele Sätze und wenig effektive Übungen bedingt ist. Trotzdem wird mit schweren Kniebeugen, Kreuzheben, Dips, Klimmzügen und Ruderübungen eine hohe Beanspruchung des Athleten und damit maximales Muskelwachstum garantiert.

Am besten geht man daher so vor, dass ein Satz abgeschlossen wird, wenn man die letzte Wiederholung noch sauber ausführen kann. Man bekommt schnell ein Gefühl dafür, wann »Schluss ist«. Bei schweren Kniebeugen mit der Langhantel auf den Schultern geht man ja auch nicht in eine weitere Wiederholung hinunter, wenn man die letzte gerade noch geschafft hat. So sollten Sie bei allen Übungen vorgehen. Wenn die letzte Wiederholung bereits sehr schwer war, dann sollte keine neue mehr begonnen, sondern das Gewicht abgelegt werden. Ende!

Wer jetzt denkt, er habe dann nicht genug geleistet, der irrt: Ein Athlet, der so vorgeht, hat die trainierte Muskelgruppe an die Leistungsgrenze gebracht, aber nicht darüber! Dafür wird er beim nächsten Training belohnt, indem er gut erholt und gut gelaunt wieder antreten kann. Auf diese Weise bleibt der Spaß am Training erhalten und die Fortschritte stellen sich viel schneller ein.

2 Trainingstage pro Woche

Programm A

Übung	Sätze
Tag 1	
• Langhantel-Kniebeuge	2
• Langhantel-Bankdrücken	2
• Trizepsdrücken am Kabel, Obergriff	2
• Klimmzug, schulterweiter Untergriff	1
• Klimmzug mit Parallelgriff	1
• Rudern sitzend am Kabel	2
• Beinheben	1
• Bauchpressen	1
Tag 2	
• Kreuzheben	2
• Langhantelcurl	2
• Rudern aufrecht	2
• Dips vorgebeugt, Ellbogen ausgestellt	1
• Dips aufrecht, Ellbogen eng	1
• Schulterdrücken	2
• Beinheben	1
• Bauchpressen	1

Programm B

Übung	Sätze
Tag 1	
• Kreuzheben	2
• Rudern vorgebeugt mit Untergriff	1
• Rudern vorgebeugt mit Obergriff	1
• Rudern aufrecht am Kabel	2
• Dips vorgebeugt, Ellbogen ausgestellt	2
• Kurzhantel-Schrägbankdrücken	1
• Schulterdrücken	1
• Bauchpressen + Beinheben (Supersatz)	1
Tag 2	
• Kniebeuge	2
• Dips aufrecht, Ellbogen eng	1
• Langhantel-Bankdrücken	2
• Klimmzug, schulterweiter Untergriff	1
• Klimmzug zum Nacken	1
• Reevescurl sitzend	2
• Bauchpressen 3 x 7	1

Die Trainingsprogramme

Die Trainingsprogramme in der vorliegenden Ausgabe des »Neuen Synergistischen Muskeltrainings« fallen kürzer aus, als in der Vorgängerversion. Aus gutem Grund: Wie oben bereits erklärt, handelt es sich um ein sehr schweres Training. Viele der Übungen gehen über mehrere Gelenke und beteiligen viele Muskeln an der Arbeit. Das steigert die Anstrengung enorm. Bei hoher Last muss aber die Anzahl der Sätze reduziert werden, sonst wird es zu viel.

3 Trainingstage pro Woche

Programm A

Übung	Sätze
Tag 1	
• Langhantel-Bankdrücken	2
• Kurzhantel-Schrägbankdrücken	2
• Liegestütz am Holm	1
• Rudern vorgebeugt mit Untergriff	1
• Rudern vorgebeugt mit Obergriff	1
• Latziehen mit Parallelgriff	2
• Beinheben + Bauchpressen (Supersatz)	1
Tag 2	
• Langhantel-Kniebeuge	2
• Ausfallschritt mit Kurzhanteln	2
• Kreuzheben	2
• Wadenheben	2
Tag 3	
• Klimmzug mit Parallelgriff	1
• Klimmzug, schulterweiter Untergriff	1
• Kurzhantelcurl mit Armdrehung	1
• Konzentrationscurl stehend vorgebeugt	1
• Langhantel-Bankdrücken	2
• Kurzhantel-Schrägbankdrücken	1
• Schulterdrücken	1
• Bauchpressen 3 x 7	1

Programm B

Übung	Sätze
Tag 1	
• Langhantel-Schrägbankdrücken	2
• Bankdrücken mit Kurzhanteln	1
• Trizepsdrücken am Seil	1
• Klimmzug, schulterweiter Untergriff	2
• Reevescurl sitzend	1
• Konzentrationscurl stehend vorgebeugt	1
• Rudern aufrecht	1
• Bauchpressen + Beinheben (Supersatz)	1
Tag 2	
• Langhantel-Kniebeuge	2
• Beinstrecken an der Machine	2
• Kreuzheben	2
• Kreuzheben mit fast gestreckten Beinen	2
Tag 3	
• Rudern vorgebeugt mit Untergriff	1
• Rudern vorgebeugt mit Obergriff	1
• Latziehen zur Brust, Untergriff	1
• Kurzhantelcurl mit Armdrehung	1
• Konzentrationscurl sitzend	1
• Dips vorgebeugt, Ellbogen ausgestellt	2
• Langhantel-Bankdrücken mit schulterweitem Griff	1
• Trizepsdrücken am Kabel, Obergriff	1
• Bauchpressen 3 x 7	1

4 Trainingstage pro Woche

Programm A

Übung	Sätze
Tag 1	
• Dips vorgebeugt, Ellbogen ausgestellt	2
• Kurzhantel-Schrägbankdrücken	2
• Überzug mit Kurzhantel	2
• Trizepsdrücken am Seil	1
• Trizepsdrücken am Kabel, Obergriff	1
• Bauchpressen + Beinheben (Supersatz)	1
Tag 2	
• Kurzhantelcurl sitzend + Klimmzug mit schulterweitem Untergriff (Supersatz)	2
• Rudern vorgebeugt mit Obergriff	2
• Rudern aufrecht am Kabel	2
• Konzentrationscurl stehend	2
Tag 3	
• Langhantel-Kniebeuge	2
• Kreuzheben	2
• Ausfallschritt mit Kurzhanteln	2
• Wadenheben	1
• Eselreiten	1
• Bauchpressen 3 x 7	1

Programm B

Übung	Sätze
Tag 1	
• Langhantel-Schrägbankdrücken	2
• Trizepsdrücken am Holm	2
• Trizepsdrücken am Seil	2
• Überzug mit Kurzhantel	2
• Bauchpressen 3 x 7	1
Tag 2	
• Langhantel-Kniebeuge	2
• Kreuzheben mit fast gestreckten Beinen	2
• Wadenheben	2
• Klimmzug mit Parallelgriff	1
• Klimmzug, schulterweiter Untergriff	1
• Reevescurl sitzend	2
Tag 3	
• Dips vorgebeugt, Ellbogen ausgestellt	2
• Kurzhantel-Bankdrücken	2
• Schulterdrücken	2
• Rudern aufrecht am Kabel	2
• Bauchpressen + Beinheben (Supersatz)	1

4 Trainingstage pro Woche

Programm A Übung	Sätze	Programm B Übung	Sätze
Tag 4		**Tag 4**	
• Langhantel-Bankdrücken	2	• Kreuzheben	2
• Frontdrücken	1	• Latziehen zur Brust mit Untergriff	2
• Trizepsdrücken am Kabel, Obergriff	1	• Rudern sitzend am Kabel mit Parallelgriff	2
• Latziehen zur Brust, Parallelgriff	2	• Kurzhantelcurl mit Armdrehung	1
• Langhantelcurl	1	• Konzentrationscurl stehend vorgebeugt	1
• Kurzhantelcurl mit Armdrehung	1		
• Rudern aufrecht	1		

Im Kraftsport dominieren zwei gegensätzliche Trainingsansätze: Das sog. Volumentraining mit vielen Sätzen und Wiederholungen und das sog. hochintensive Training (HIT) mit sehr wenigen Sätzen und Wiederholungen. Beim Volumentraining wird eher mit einer »Ermüdungserschöpfung« gearbeitet; die vielen Wiederholungen erschöpfen die Muskeln durch die lange Zeit, in der sie gefordert werden. Beim HIT werden in sehr kurzen Trainingseinheiten zwar nur wenige Sätze trainiert, doch mit hohem Gewicht und sehr intensiv, z.T. auch mit Intensitätstechniken. Hier wird das Muskelwachstum durch eine kurze, gezielte Überlastung ausgelöst. Beides funktioniert, wie jahrzehntelange Erfahrung gezeigt hat.

Das synergistische Muskeltraining bewegt sich zwischen beiden Extremen: Es verlangt mehr Sätze als ein klassisches HIT, doch lange nicht so viele wie ein Volumentraining. Im Endeffekt reichen zwischen neun und 12 Sätze pro Trainingseinheit völlig aus, um sehr effektiv zu trainieren. Zusammen mit Wiederholungszahlen zwischen 8 und 12 sowie der geforderten langsamen und kontrollierten Ausführung der Bewegungen kommt man auf die »Time under Tension«, also die benötigte Zeit der Muskelanspannung, die das Muskelwachstum auslöst. Es spricht auch nichts dagegen, bei Übungen, von denen zwei Sätze gefordert werden, von Zeit zu Zeit den einen mit 8-12 und den zweiten mit 12-15 Wiederholungen zu trainieren. Doch weniger als 8 Wiederholungen sollten es nicht sein, denn so bleibt man im Bereich von Gewichten, die kontrollierbar sind und man kann die Zielmuskeln am Ende der Bewegung noch bewusst anspannen, um das letzte aus der Wiederholung herauszuholen.

Gleichzeitig fordern die schweren Grundübungen und die auf Synergie ausgerichtete Abfolge jeder Trainingseinheit eine hohe Anstrengung vom gesamten Körper, was eher der HIT-Philosophie entspricht. Das relativ kurze und seltene Training erlaubt zudem mehr Zeit für die Regeneration, als ein klassisches Volumentraining. Diese Kombination von Faktoren beim synergistischen Training sorgt für schnelle Erfolge beim Muskelzuwachs.

Widerstehen Sie also dem Verlangen, mehr Sätze auszuführen, auch wenn Sie zum Trainingsende das Gefühl haben, noch über genügend Kraft zu verfügen. Warten Sie lieber den Tag danach ab, wenn Adrenalin und Endorphine wieder abgesunken sind – dann werden Sie spüren, wie hart Sie gearbeitet haben! Wir wissen aber bereits, dass eine hohe Anstrengung nicht lange ausgeführt werden kann. Wer dennoch mehr trainiert, der ist schneller im Übertraining, als ihm lieb ist. Wenn es so weit ist, muss zwangsläufig eine Trainingspause eingelegt werden und der vermeintliche Vorsprung ist dahin. Da ergibt es doch mehr Sinn, aufzuhören, »wenn es am schönsten ist« und dafür ausgeruht in das nächste Training zugehen, oder nicht?

Die Trainingsprogramme sind jeweils so angelegt, dass im Wochenrhythmus der gesamte Körper trainiert wird. Wenn Sie die einzelnen Programme näher betrachten, werden Sie feststellen, dass die Reihenfolge der Übungen auf den in Kapitel 1 dargelegten Prinzipien des synergistischen Trainings beruht. Das A-Programm für 2 Trainingstage pro Woche ist z.B. so angelegt:

Tag 1: Die Kniebeuge als Übung mit dem größten Wachstumspotenzial für den gesamten Körper bildet den Anfang: Hier werden die vorderen Oberschenkel- und die Gesäßmuskeln voll gefordert. Die rückseitigen Oberschenkel und die Waden arbeiten unterstützend mit, ebenso wie die Muskeln des unteren Rückens. Die schwere Belastung trainiert alle anderen Muskeln ebenfalls, auch die des Oberkörpers.

Bankdrücken mit der Langhantel als eine der besten Brust-Übungen kommt danach, gefolgt von Trizepsdrücken am Kabel. Da die Trizepse bei der vorangegangenen, schweren Brust-Übung bereits kräftig mitarbeiten mussten, reichen zwei Sätze des leichteren Trizepsdrückens völlig aus, um diese Muskeln optimal zu trainieren. Brust und Trizepse werden an diesem Tag besonders hart gefordert, da sie im zweiten Block der Trainingseinheit – nach den Beinen – belastet werden; die vorderen und weniger, die seitlichen Schultern werden beim Bankdrücken ebenfalls trainiert.

Den dritten Block bildet das Rücken- und Bizeps-Training, das etwas weniger fordernd ausfällt. Ein Satz Klimmzüge mit Untergriff und einer mit Parallelgriff belasten die Bizepse sehr hart, der Latissimus unterstützt dabei, wird also gleichfalls trainiert. Im Anschluss daran fordert das sitzende Rudern die Rückenmuskeln noch weiter; die Bizepse arbeiten hierbei unterstützend mit (was letztlich zwei schwere und zwei mittelschwere Sätze für die Bizepse ergibt). Die hinteren Schultern werden beim sitzenden Rudern ebenfalls optimal trainiert. Den Abschluss bilden Beinheben und Bauchpressen, eine schwere und eine mittelschwere Übung für die Muskeln der Taillenregion.

Damit wird das Muskelwachstum des gesamten Körpers in einer kurzen Trainingseinheit stimuliert.

Tag 2: Mit Kreuzheben als zweitbester Masse-Übung für den gesamten Körper beginnt diese Trainingseinheit. Die Muskeln des Rückens und der Arme werden ebenso gefordert, wie die Waden und die Beinbizepse. Für Kreuzheben gilt dasselbe, wie zuvor für die Kniebeuge: Die große Anstrengung, die Ihnen diese Übung abverlangt, trainiert alle anderen Muskeln des Körpers mit und bereitet sie optimal auf die folgenden Übungen vor.

Bizepse und Schultern bilden den nächsten Block dieser Trainingseinheit. Zwei Sätze Curls mit der Langhantel trainieren die durch das Kreuzheben (als Zugübung) aufgewärmten Bizepse; hier helfen die vorderen Deltamuskeln etwas mit. Zwei Sätze Rudern aufrecht fordern die seitlichen Schulterköpfe und den Trapezmuskel, die Bizepse arbeiten nur unterstützend mit.

Variation im Training – der Umgang mit den Programmen

(Trainingstage sind angekreuzt, können natürlich nach Belieben gelegt werden.)

Woche	Plan	MO	DI	MI	DO	FR	SA	SO
1	2 Trainingstage pro Woche, Programm A	X			X			
2	2 Trainingstage pro Woche, Programm B	X			X			
3	2 Trainingstage pro Woche, Programm A	X			X			
4	2 Trainingstage pro Woche, Programm B	X			X			

Einfachste Variante: Einen Trainingsplan nach der zur Verfügung stehenden Zeit auswählen; jede Woche zwischen Programm A und Programm B wechseln. Dasselbe lässt sich auch mit dem 3-Tage und 4-Tage Programmen ausführen. Oder...

Woche	Plan	MO	DI	MI	DO	FR	SA	SO
1	3 Trainingstage pro Woche, Programm A	X		X		X		
2	2 Trainingstage pro Woche, Programm A	X			X			
3	3 Trainingstage pro Woche, Programm B	X		X		X		

...den 3-Tage-Trainingsplan mit dem 2-Tage-Plan abwechseln; das erlaubt mehr Zeit für die Erholung zwischen den Trainingseinheiten. Oder Sie wechseln zwischen 4-Tage-Plan und 2-Tage-Plan, um etwas Variation in das Training zu bringen...

Woche	Plan	MO	DI	MI	DO	FR	SA	SO
1	4 Trainingstage pro Woche, Programm A	X	X		X	X		
2	4 Trainingstage pro Woche, Programm A	X	X		X	X		
3	2 Trainingstage pro Woche, Programm B	X			X			
4	4 Trainingstage pro Woche, Programm B	X	X		X	X		

Brust und Trizeps sind danach an der Reihe: Ein Satz Dips mit ausgestellten Ellbogen verlagert die Belastung auf die mittlere und untere Brustmuskulatur. Der nachfolgende Satz Dips mit eng gehaltenen Ellbogen dagegen belastet mehr die obere Brust und bezieht die Trizepse stärker ein. Bei den Dips werden auch die vorderen und seitlichen Schultern stark gefordert. Daher wird als nachfolgende Schulterübung nicht das relativ schwere Frontdrücken mit der Langhantel gewählt, sondern das Schulterdrücken mit Kurzhanteln. Trotzdem ist es eine gute Übung, um die Trizepse, die obere Brust und die Schultern abschließend zu erschöpfen. Den Abschluss bilden wiederum die Bauchübungen.

Wie Sie sehen, kann der ganze Körper mit zwei Trainingseinheiten und nur 24 Sätzen pro Woche optimal trainiert werden. Der Zeitaufwand sollte sich, je nach Trainingsstand und Kondition, zwischen 30 bis 40 Minuten pro Training bewegen. Wer nicht glauben will, dass so wenig Sätze ausreichen, der sollte sich einige Wochen lang an diesem Programm versuchen; es wird Sie überzeugen.

Der Umgang mit den Programmen

Sie sollten sich, je nach verfügbarer Zeit und Motivation, ein Trainingsprogramm aussuchen und die A- und B-Version alle 4 bis 6 Wochen abwechseln. Wenn Sie nur zwei Tage pro Woche trainieren können, wählen Sie das entsprechende Programm. Falls Sie mehr Zeit investieren wollen, das 3- oder 4-Tage-Programm. Für mehr Variation im Training können Sie die Programme aber auch untereinander austauschen, z.B.:

1. Woche: 2 Tage Training
2. Woche: 3 Tage Training
3. Woche: 2 Tage Training

Eine andere Möglichkeit besteht darin, 4 Tage Training pro Woche zu wählen, dabei das A- und B-Programm abzuwechseln und bei einem vorübergehenden Zeitmangel auf 2 Tage Training pro Woche zu wechseln. So müssen Sie nicht befürchten, dass bei einem Ausfall von Trainingstagen einige Muskelgruppen nur unvollständig trainiert werden. Der Wechsel zwischen Programmen mit unterschiedlichen Trainingstagen kann aber auch zum System erhoben werden, z.B. wenn Sie wie folgt vorgehen:

4 Tage Training pro Woche, Prog. A (3 Wochen lang)
2 Tage Training pro Woche, Prog. A (2 Wochen lang)
4 Tage Training pro Woche, Prog. B (3 Wochen lang)
2 Tage Training pro Woche, Prog. B (2 Wochen lang)

Der Vorteil dieser flexiblen Trainingsplanung liegt darin, dass bei jedem Programm, egal ob es 2, 3 oder 4 Trainingstage pro Woche vorsieht, jeweils der ganze Körper umfassend trainiert wird. Und alle bauen vorwiegend auf die schweren Grundübungen, so dass ein Ausfall von Trainingstagen keinen Abbau der hart erarbeiteten Muskulatur bedeuten muss. Lassen Sie Ihrer Fantasie freien Lauf; die Zahl der möglichen Programm-Kombinationen ist wirklich groß.

Gewicht und Wiederholungen

Es ergibt wenig Sinn, das Gewicht für jede Übung vorzugeben. Ein Anfänger könnte damit total überfordert sein, ein Fortgeschrittener womöglich unterfordert. Wenn Sie schon länger trainieren, werden Sie das Gewicht für jede Übung ganz gut einschätzen können. Falls Sie eine Übung noch nie trainiert haben oder wenn Sie gerade erst mit dem Krafttraining beginnen, empfiehlt es sich, es einfach auszuprobieren. Schon nach wenigen Sätzen werden Sie wissen, welches Gewicht aufgelegt werden kann.

Behalten Sie folgende Richtlinie im Auge: Die optimale Wiederholungszahl für den Muskelaufbau im Bodybuilding liegt zwischen acht und 12. Wenn Sie keine acht Wiederholungen schaffen, ist das Gewicht zu schwer und muss um fünf Prozent vermindert werden. Wenn Sie 12 oder mehr schaffen, muss das Gewicht bei der nächsten Trainingseinheit um fünf Prozent gesteigert werden.

Natürlich gibt es auch andere Meinungen zu den optimalen Wiederholungszahlen: Wer vorwiegend Kraft aufbauen will, wird für 3-5 Wiederholungen votieren, manche Bodybuilder auch für 6-8 hinsichtlich des optimalen Muskelaufbaus. Mit einer Satzzahl von 8-12 und langsamer, kontrollierter Ausführung der Bewegung wird aber einerseits immer die nötige Zeitspanne der Muskelanspannung erreicht, andererseits der Aufbau von Muskelmasse und Kraft sehr gut gefordert. Darüber hinaus bewegen wir uns nicht in den Bereichen sehr schwerer Gewichte, die bei niedrigeren Wiederholungszahlen möglich wären. Das beugt Verletzungen vor und erlaubt ein kontinuierliches Training für langfristige Fortschritte. Und da wir überwiegend auf die schweren Grundübungen setzen, fällt die Belastung für die Muskulatur ohnehin deutlich höher aus, als bei einem herkömmlichen Krafttraining mit den weniger effektiven Übungen.

Bei den Klimmzügen kann es vorkommen, dass Ihnen zunächst, je nach Trainingsstand, vielleicht kein einziger gelingt. Klimmzüge sind eine sehr schwere Übung, bei der man auch nicht schummeln kann: Entweder man kommt bis zur Stange, oder nicht. Begehen Sie aber nicht den Fehler, »halbe« Wiederholungen als »ganze« zu zählen. Auch wenn Sie zunächst nur einen korrekten Klimmzug schaffen, geben Sie nicht auf. Sie werden sich sehr schnell steigern. Und wenn Sie hier erst einmal 12 oder mehr Wiederholungen bewältigen, dann können Sie mit einem Dip-Gürtel und Zusatzgewicht die Belastung weiter erhöhen.

Bei Dips ist es ähnlich; so mancher Athlet wird vielleicht zu Beginn nicht sehr tief herunterkommen bzw. beim tiefen Absenken die Aufwärtsbewegung nicht mehr schaffen. Bei Dips und Klimmzügen kann man sich helfen lassen, indem die Unterschenkel leicht angehoben werden (etwa 90 Grad) und der Trainingspartner darunter fasst, um die Aufwärtsbewegung zu unterstützen. Da man sich erfahrungsgemäß bei beiden Übungen sehr schnell steigert, wird diese Hilfe nicht lange nötig sein.

Bei einigen Programmen werden sog. Supersätze verwendet. Ein Supersatz ist die Kombination von zwei Sätzen verschiedener Übungen zu einem »großen« Satz. Wenn also ein Supersatz Bauchpressen und Beinheben gefor-

Eingliederung der Spezialprogramme n das Training

Woche	(Trainingstage sind angekreuzt, können natürlich nach Belieben gelegt werden.)							
1	4 Trainingstage pro Woche, Programm A	~~MO~~	~~DI~~	MI	~~DO~~	~~FR~~	SA	SO
2	Spezialprogramm Bizeps, 3 Tage, Prog. A	~~MO~~	DI	~~MI~~	DO	~~FR~~	SA	SO
3	Spezialprogramm Bizeps, 3 Tage, Prog. A	~~MO~~	DI	~~MI~~	DO	~~FR~~	SA	SO
4	Spezialprogramm Bizeps, 3 Tage, Prog. B	~~MO~~	DI	~~MI~~	DO	~~FR~~	SA	SO
5	Spezialprogramm Bizeps, 3 Tage, Prog. B	~~MO~~	DI	~~MI~~	DO	~~FR~~	SA	SO
6	4 Trainingstage pro Woche, Programm B	~~MO~~	~~DI~~	MI	~~DO~~	~~FR~~	SA	SO
7	4 Trainingstage pro Woche, Programm B	~~MO~~	~~DI~~	MI	~~DO~~	~~FR~~	SA	SO
8	4 Trainingstage pro Woche, Programm B	~~MO~~	~~DI~~	MI	~~DO~~	~~FR~~	SA	SO
9	Spezialprogramm Bizeps, 3 Tage, Prog. A	~~MO~~	DI	~~MI~~	DO	~~FR~~	SA	SO

Die Spezialprogramme für Bizeps, Trizeps und Schultern sind jeweils so angelegt, daß die Zielregionen zuerst trainiert werden. Das erlaubt den größten Krafteinsatz. Deshalb sind nur einige spezielle Sätze mehr erforderlich, um die in der Entwicklung zurückgebliebene Muskelgruppe optimal zu trainieren. Alle anderen Körperpartien werden bei den Spezialprogrammen ebenfalls trainiert. Ein Spezialprogramm ist deshalb – mit leichten Abstrichen – als vollwertiges Trainingsprogramm zu betrachten, bei dem jeweils im Wochenrhythmus der ganze Körper trainiert wird.
Das oben stehende Beispiel zeigt, wie das Spezialprogramm für den Bizeps in ein normales 4-Tage-Programm integriert wird. Je nach Bedarf können Sie ein Spezialprogramm bis zu vir Wochen lang einsetzen. Dann empfiehlt es sich, für drei oder vier Wochen zum normalen Training zurückzukehren. Bei Bedarf kann nach einigen Wochen wieder ein Spezialprogramm eingeschoben werden.

dert wird, dann führen Sie zunächst einen Satz Bauchpressen aus und direkt im Anschluss daran – ohne Pause – einen Satz Beinheben. Durch die Vorerschöpfung des mittelschweren ersten Satzes werden Ihnen im schweren Folgesatz nicht mehr so viele Wiederholungen gelingen, wie sonst. Doch die Belastung für die Bauchmuskulatur ist beim Supersatz deutlich höher als gewohnt. Daher dürfen solche Supersätze nicht so häufig ausgeführt werden.

Die Spezialprogramme

Die Spezialprogramme sind für fortgeschrittene Kraftsportler gedacht, die bestimmte Muskelgruppen, die vielleicht in ihrer Entwicklung hinter den anderen Körperpartien hinterhinken, stärker entwickeln möchten. Dabei unterscheiden sich die Spezialprogramme auf den ersten Blick nur unwesentlich von den normalen Programmen. Die Übungen für die anvisierte Muskelgruppe sind lediglich an den Anfang des Trainings gelegt; das geschieht zweimal pro Woche.

Im Unterschied zum herkömmlichen Spezialisierungstraining wurde die Gesamtzahl der Sätze pro Trainingseinheit aber nicht erhöht. Genau da machen viele Kraftsportler einen Fehler: Wer glaubt, für eine zurückgebliebene Muskelgruppe das Trainingsprogramm erweitern zu müssen, der irrt. Die Gesamtbelastung für den Körper darf nicht steigen, sonst landet man schnell im Übertraining und erreicht das Gegenteil. Nur anders herum ergibt es einen Sinn: Die anderen Muskelgruppen müssen etwas zurückstehen, um die anvisierte Körperpartie stärker fordern zu können.

Entsprechend sind für die problematische Muskelgruppe einige Sätze mehr pro Trainingseinheit vorgesehen und einige Sätze weniger für die gut entwickelten. Gleichzeitig wird auf das Beintraining mit Kniebeugen und Kreuzheben nicht verzichtet: Der Wachstumsreiz, den diese schweren Grundübungen auf die Muskulatur des gesamten Körpers ausüben, hilft nicht nur, die problematische Muskelgruppe besser zu entwickeln. Gleichzeitig wird einem Kraftabbau und Muskelverlust bei den etwas weniger stark geforderten Körperpartien entgegengewirkt.

Spezialprogramm für den Bizeps – 3 Trainingstage pro Woche

Programm A

Übung	Sätze
Tag 1	
• Kurzhantelcurl sitzend + Klimmzug mit schulterweitem Untergriff (Supersatz)	2
• Rudern aufrecht am Kabel	2
• Langhantel-Bankdrücken	2
• Trizepsdrücken am Kabel, Obergriff	2
• Beinheben	1
• Bauchpressen	1
Tag 2	
• Langhantel-Kniebeuge	2
• Kreuzheben	2
• Überzug mit Kurzhantel	2
• Fliegende Bewegung	2
• Eselreiten	2
Tag 3	
• Rudern vorgebeugt mit schulterweitem Untergriff	2
• Langhantelcurl	1
• Konzentrationscurl sitzend	1
• Langhantel-Rudern aufrecht	1
• Langhantel-Schrägbankdrücken	2
• Trizepsdrücken am Seil	2
• Bauchpressen 3 x 7	1

Programm B

Übung	Sätze
Tag 1	
• Kurzhantelcurl sitzend + Latziehen mit Untergriff (Supersatz)	2
• Konzentrationscurl stehend vorgebeugt	2
• Langhantel-Schrägbankdrücken	2
• Trizepsdrücken am Seil	1
• Beinheben	1
• Bauchpressen	1
Tag 2	
• Langhantel-Kniebeuge	2
• Kreuzheben	2
• Überzug mit der Langhantel	2
• Fliegende Bewegung	2
• Eselreiten	2
Tag 3	
• Klimmzug, schulterweiter Untergriff	2
• Langhantelcurl	1
• Konzentrationscurl sitzend	1
• Langhantel-Bankdrücken	2
• Trizepsdrücken am Holm	2
• Bauchpressen 3 x 7	1

Die Bizepse sind häufig übertrainiert und wachsen nicht weiter, weil zu viele schwere Zugübungen und zu viele Übungen speziell für diese Muskelgruppe ausgeführt werden. Dem kann nur abgeholfen werden, indem die Last

Spezialprogramm für den Bizeps – 3 Trainingstage pro Woche

für die Bizepse deutlich verringert wird, gleichzeitig darf das restliche Training nicht zu fordernd gestaltet werden – schließlich müssen Regenerationskapazitäten für die Bizepse frei gehalten werden. Das Rückentraining wird deshalb deutlich eingeschränkt und das spezielle Bizepstraining wird reduziert. Dafür werden wenige schwere Zugübungen, z.T. mit Vorerschöpfung, an den Anfang des Trainingsprogramms gestellt, gefolgt von wenigen Sätzen speziellem Bizepstraining. Auch wenn weniger Sätze für Rücken und Bizeps ausgeführt werden, reichen Klimmzüge, Kreuzheben und Rudern aus, um die Muskelmasse des Rückens zu erhalten.

Auf die sehr fordernden Dips wird verzichtet, doch einen speziellen Wachstumsschub für den gesamten Körper geben Kniebeugen und Kreuzheben, die an einem Tag ohne Bizepstraining ausgeführt werden.

Der zweite Schwerpunkt bei den Spezialprogrammen liegt auf der verbesserten Regeneration: Es wird an drei Tagen in der Woche trainiert; bei jedem Training fallen nur zwischen 10 und 11 Sätze an. Der leicht verringerte Trainingsumfang erlaubt eine bessere Erholung und kommt damit dem Wachstum der weniger gut entwickelten Muskelgruppe zugute.

Überdies können die Spezialprogramme durch einen schnellen Wechsel der Routine mehr Abwechslung und damit einen erhöhten Trainingsreiz auslösen. Es empfiehlt sich, ein Spezialprogramm jeweils für 4 Wochen einzusetzen und dann zum normalen Programm zurückzukehren, z. B. so:

- 2 Wochen lang Spezialprogramm Bizeps A
- 2 Wochen lang Spezialprogramm Bizeps B
- 3 Wochen normales Trainingsprogramm, falls weitere Förderung der Bizepse gewünscht, dann wieder zurück zu jeweils 2 Wochen Spezialprogramm A und B.

Spezialprogramm für den Trizeps – 3 Trainingstage pro Woche

Programm A

Übung	Sätze
Tag 1	
• Stirndrücken + Bankdrücken mit engem Griff (Supersatz)	2
• Trizepsdrücken am Kabel, Untergriff	2
• Fliegende Bewegung am Kabel über Kreuz	2
• Klimmzug, schulterweiter Untergriff	2
• Bauchpressen 3 x 7	1
Tag 2	
• Langhantel-Kniebeuge	2
• Kreuzheben	2
• Überzug mit Kurzhantel	2
• Fliegende Bewegung am Kabel über Kreuz	2
• Wadenheben	2
Tag 3	
• Dips aufrecht, Ellbogen eng	2
• Liegestütz am Holm	1
• Trizepsdrücken am Kabel, Obergriff	1
• Rudern vorgebeugt mit Untergriff	2
• Kurzhantelcurl mit Armdrehung	2
• Beinheben	1
• Bauchpressen	1

Programm B

Übung	Sätze
Tag 1	
• Langhantel-Bankdrücken	2
• Kurzhantel-Schrägbankdrücken	2
• Trizepsdrücken am Kabel, Obergriff	1
• Klimmzug zum Nacken	2
• Langhantelcurl	2
• Beinheben	1
• Bauchpressen	1
Tag 2	
• Langhantel-Kniebeuge	2
• Kreuzheben	2
• Überzug mit der Langhantel	2
• Fliegende Bewegung	2
• Eselreiten	2
Tag 3	
• Dips aufrecht, Ellbogen eng	2
• Langhantel-Schrägbankdrücken	1
• Schulterdrücken	1
• Rudern vorgebeugt mit Untergriff	1
• Rudern vorgebeugt mit Obergriff	1
• Reevescurl	2
• Bauchpressen 3 x 7	1

Die Trizepse sind häufig übertrainiert und wachsen nicht weiter, weil zu viele schwere Drückübungen und zu viele Übungen speziell für diese Muskelgruppe ausgeführt werden. Dem kann nur abgeholfen werden, indem die Last für die Trizepse und den gesamten Körper deutlich verringert wird.

Spezialprogramm für den Trizeps – 3 Trainingstage pro Woche

Das bedeutet, das Brust- und Schultertraining muss eingeschränkt werden. Es werden aber einige schwere Drückübungen an den Anfang des Trainingsprogramms gestellt, gefolgt von ein oder zwei Sätzen spezielles Trizepstraining. Doch diese Drückübungen, zusammen mit Überzügen und Fliegenden reichen mehr als aus, um die Muskelmasse der Brust zu erhalten; das Gleiche gilt für die Schultern, die mit Drück- und Ruderübungen ebenfalls auf dem Leistungsstand erhalten werden. Einen speziellen Wachstumsschub für den gesamten Körper geben Kniebeugen und Kreuzheben, die an einem Tag ohne Trizepstraining ausgeführt werden.

Diese Spezialisierungsstrategie erlaubt, die in ihrer Entwicklung zurückgebliebene Muskelgruppe auf vier Wegen zu attackieren:

- Sie wird am Anfang trainiert, wenn Kraft und Kondition am größten sind, das erlaubt eine bessere Konzentration auf die Zielmuskulatur und höhere Trainingsgewichte.
- Es werden ein oder zwei Sätze, bzw. Übungen mehr dafür ausgeführt, das erlaubt eine völlige Erschöpfung dieser Muskelgruppe.
- Durch den leicht verringerten Trainingsumfang und der so geförderten Erholung profitiert die anvisierte, jetzt hart trainierte Muskelgruppe am meisten.
- Der schnelle Wechsel der Programme zwingt die anvisierte Muskelgruppe zu einer verstärkten Anpassung und damit zu mehr Wachstum.

Spezialprogramm für die Schulter – 3 Trainingstage pro Woche

Programm A

Übung	Sätze
Tag 1	
• Rudern aufrecht am Kabel + Frontdrücken (Supersatz)	2
• Schulterdrücken	2
• Klimmzug mit Parallelgriff	1
• Klimmzug, schulterweiter Untergriff	1
• Kurzhantelcurl mit Armdrehung	1
• Beinheben	1
• Bauchpressen	1
Tag 2	
• Langhantel-Kniebeuge	2
• Kreuzheben	2
• Rudern vorgebeugt mit Untergriff	2
• Überzug mit Kurzhantel	2
• Fliegende Bewegung	2
Tag 3	
• Langhantel-Bankdrücken	2
• Frontdrücken	1
• Rudern aufrecht am Kabel	2
• Trizepsdrücken am Kabel	1
• Trizepsdrücken am Seil	1
• Bauchpressen 3 x 7	1

Programm B

Übung	Sätze
Tag 1	
• Langhantel-Schrägbankdrücken	2
• Schulterdrücken	2
• Rudern aufrecht	2
• Langhantelcurl	2
• Trizepsdrücken am Kabel	2
• Beinheben	1
• Bauchpressen	1
Tag 2	
• Kniebeuge	2
• Kreuzheben	2
• Rudern vorgebeugt mit Untergriff	2
• Latziehen zur Brust, Parallelgriff	2
Tag 3	
• Langhantel-Bankdrücken	2
• Frontdrücken	1
• Rudern aufrecht am Kabel	2
• Klimmzug, schulterweiter Untergriff	1
• Trizepsdrücken am Kabel	1
• Trizepsdrücken am Seil	1
• Bauchpressen 3 x 7	1

Die Schultern sind die mit Abstand am häufigsten übertrainierte Muskelgruppe. Zwei verhältnismäßig kleine Muskelköpfe (der vordere und seitliche Deltoid) werden bei zu vielen schweren Drückübungen enorm gefordert, während der hintere Deltoid bei den schweren Zugübungen hart arbeiten muss. Wenn dann noch regelmäßig mehrere Übungen speziell für die Schulter ausgeführt

Spezialprogramm für die Schulter – 3 Trainingstage pro Woche

werden, ist die Erholungskapazität dieser Muskelgruppe schnell erschöpft und ihr Muskelwachstum kommt zum Stillstand.

Dem kann nur abgeholfen werden, indem die Last für die Schultern und den gesamten Körper deutlich reduziert wird. Das bedeutet, das Brust-, Schulter- und Rückentraining muss eingeschränkt werden; zudem dürfen nicht mehr so viele Sätze spezielles Schultertraining ausgeführt werden. Deshalb werden wenige schwere Drückübungen für den vorderen Deltoid an zwei Tagen an den Anfang des Trainingsprogramms gestellt, gefolgt von ein oder zwei Sätzen speziellem Schultertraining. Wenige Sätze Rudern vorgebeugt und aufrecht sorgen für das Training der seitlichen und hinteren Deltoiden.

Die wenigen Klimmzüge bzw. Latziehen, Kreuzheben und das Rudern reichen aber aus, um die Muskelmasse des Rückens zu erhalten. Das Gleiche gilt für die Drückübungen, die direkt und indirekt die Muskelmasse der Brust erhalten. Einen speziellen Wachstumsschub für den gesamten Körper geben Kniebeugen und Kreuzheben.

Übertraining

Zuvor schon mehrfach angesprochen, soll dieses Phänomen noch einmal ausführlich erklärt werden. Ohne Zweifel stellt Übertraining das Hauptproblem aller ernsthaften Kraftsportler dar. Ein übertrainierter Muskel kann nicht mehr wachsen (partielles Übertraining) und ein übertrainierter Organismus baut Muskelmasse nicht auf, sondern ab; egal wie hart Sie weiter trainieren. Die Auflistung auf der folgenden Seite kann einen Eindruck davon vermitteln, wie viel Erholungszeit bestimmte Abläufe beim Krafttraining durchschnittlich beanspruchen. Beim Einen geht es vielleicht etwas schneller, beim anderen kann es noch länger dauern.

Beim Übertraining wird die Erholungskapazität des Körpers überfordert. Durch zu viel oder zu hartes, d.h. zu intensives Training, bei unzureichender Erholung werden aber nicht nur die Muskeln in Mitleidenschaft gezogen; Übertraining beansprucht auch das zentrale Nervensystem über Gebühr. Die einfachen körperlichen Anzeichen von Übertraining können lang anhal-

Regeneration nach hartem Krafttraining

Erholungsprozeß	Erholungszeit
• Wiederherstellung von ATP/CP	3-5 Minuten
• Aufhebung der Sauerstoffschuld (ohne Milchsäurebildung)	5 Minuten
• Aufhebung der Sauerstoffschuld (mit Milchsäurebildung)	30-60 Minuten
• Entfernung der Milchsäure aus Muskeln und Blut	1-2 Stunden
• Wiederherstellung von Muskelglycogen	
- nach lang andauerndem Training	10-48 Stunden
- nach Intervall-Training (z. B. Bodybuilding)	24 Stunden
• Wiederaufbau von Vitaminen und Enzymen	24 Stunden
• Erholung von hochintensivem Training (mit starker Belastung des Zentralnervensystems, z.B. beim schweren Training mit Grundübungen oder beim Maximalkrafttraining)	2- 3 Tage

Modifiziert von T. O. Bompa nach: Fox, E. L. ; Bowes, R.W. ; Foss, M. L. : The Physiological Basis Of Physical Education And Athletics. W. C. Brown Publishers, Dubuque 1989. Auflistung entnommen: Tudor O. Bompa: Periodization Of Strength. Veritas Publishing Inc. , Toronto 1993, S. 206. Einfügung unten »schweres Training mit Grundübungen« vom Autor.

tender Muskelkater und übergroße Müdigkeit sein, ebenso wie hartnäckige Verletzungen, die einfach nicht abheilen wollen (die gereizte Bizepssehne in Höhe des vorderen Schultermuskels wurde schon genannt). Die Überlastung des Nervensystems äußert sich dagegen subtiler, aber nicht weniger störend: Nervosität, Gereiztheit und Schlaflosigkeit, auch in Verbindung mit einem starken Gefühl der Erschöpfung, können ebenfalls Übertraining anzeigen.

Übertraining ist ein kataboler, also ein abbauender Prozess. Das äußert sich unter anderem darin, dass mehr Stickstoff ausgeschieden, als zugeführt wird. Dieser Stickstoff stammt von Aminosäuren, d.h. Muskelprotein, das abgebaut wurde (beim anabolen, also aufbauenden Zustand, wird dagegen weniger Stickstoff ausgeschieden, als zugeführt wurde; der Rest ist in den Muskeln eingebaut). Ein kataboler Proteinstoffwechsel führt nicht nur zum Verlust von hart erarbeiteter Muskelsubstanz, sondern auch zu einer weiteren, recht häufigen Begleiterscheinung des Übertrainings: Infektionskrankheiten, vor allem Erkrankungen der Atemwege und grippale Infekte.

Übertraining wird nicht nur durch lange Trainingseinheiten verursacht; diesem Umstand könnte ja allein durch den Einsatz eines synergistischen Trainingsprogramms mit relativ kurzer Trainingszeit begegnet werden. Auch für einen Sportler, der kurz, aber sehr intensiv trainiert, kann Übertraining zur Gefahr werden; vor allem, wenn mit schwerem Gewicht gearbeitet wird. Das Problem verschärft sich überdies mit zunehmender Trainingserfahrung: Je länger ein Kraftsportler schon regelmäßig trainiert, desto mehr Muskelfasern kann er aktivieren und desto höhere Gewichte kann er bewältigen. Es ist also nicht ganz falsch zu behaupten, je mehr Trainingserfahrung, desto kürzer muss das Training ausfallen.

Zu guter Letzt trägt zum Zustand des Übertrainings nicht nur das Training selbst bei. Viele Athleten vergessen, dass Stress in Form eines anstrengenden Berufs, Ärger in der Familie oder Streit mit dem Partner die Erholung ebenfalls beeinträchtigt. Es sollte jedem Kraftsportler einleuchten, dass sich die gewohnte hohe Leistung eben nur unter optimalen Bedingungen erbringen lässt. Wer anderweitig stark gefordert wird, muss demnach beim Training etwas zurückstecken, sonst stellt sich wiederum Übertraining ein.

Übertraining ist zwar vermeidbar, aber keinesfalls ein Anfängerfehler. Es passiert auch erfahrenen Athleten immer wieder, dass sie die Warnzeichen des Körpers »überhören« und unter erhöhtem Willenseinsatz weiter trainieren, obwohl eigentlich eine Pause angebracht wäre. Es scheint auch manchmal wirklich nicht so einfach zu sein, die Situation richtig zu deuten. So berichten manche Athleten, die sich nach anfänglichen Schwierigkeiten beim Training (Motivationsprobleme, abfallende Leistung bei Standardübungen) zum Weitermachen »zwingen«, dass sie plötzlich eine sehr gute Trainingseinheit zustande bringen. Das Gewicht konnte bei einigen Übungen noch gesteigert werden und man verlässt das Studio mit dem Hochgefühl, den »inneren Schweinehund« wieder einmal besiegt zu haben. Kurz darauf ist es dann aber endgültig so weit: Man fühlt sich zerschlagen, hundeelend und das bekannte »Kratzen« im Hals kündigt eine beginnende Infektion an: Trainingspause.

Ruhepuls und Übertraining

Die Bestimmung, ob ein Athlet die Grenze zum Übertraining bereits überschritten hat oder ob die Trainingsbelastung noch im akzeptablen Bereich liegt, kann mit herkömmlichen Mitteln nicht immer zuverlässig erfolgen. Nervosität, innere Unruhe, Schlaflosigkeit oder Gereiztheit sind eben nur nach dem persönlichen, subjektiven Empfinden bewertbar, aber keine objektiven, wissenschaftlichen Parameter. Eine Erhöhung des Ruhepulses – also des Herzschlages, wenn der Körper »ruht« – kann Übertraining dagegen recht zuverlässig anzeigen.

Messen Sie deshalb Ihren Ruhepuls jeden Morgen, am besten im Liegen, kurz nachdem Sie aufgewacht sind (so gehen Sie sicher, dass sich der Puls nicht durch körperliche Aktivität erhöht). Nehmen Sie dazu den Zeige-und Mittelfinger der rechten Hand und fühlen Sie den Puls entweder an der Innenseite des linken Handgelenks oder an der Halsschlagader. Sehen Sie auf die Uhr, zählen Sie die Pulsschläge 15 Sekunden lang und multiplizieren Sie den ermittelten Wert mit vier. So erhalten Sie Ihren Pulsschlag pro Minute.

Wiederholen Sie die Pulsmessung täglich und tragen Sie den erhaltenen Wert in Ihr Trainingstagebuch ein. Schon nach kurzer Zeit sollten Sie Ihren normalen Ruhepuls kennen. Die Werte weichen für gewöhnlich nur wenig voneinander ab. Wenn Sie aber feststellen, dass der Ruhepuls einige Tage leicht erhöht ist (4-7 Schläge mehr pro Minute), so ist das ein sicheres Zeichen für beginnendes Übertraining. Wenn sich in diesen Tagen noch andere typische Symptome wie Nervosität, Unruhe, Schlafprobleme oder Trainingsunlust einstellen, können Sie dies als weitere Anzeichen einer Überlastung werten. Reduzieren Sie dann unbedingt Ihren Trainingsumfang und die Intensität. Versuchen Sie auch, einige Stunden mehr zu Schlafen, wenn das möglich ist. Falls der Ruhepuls nach einer Woche mit reduziertem Training nicht wieder auf den Normalwert sinkt, müssen Sie wohl oder übel eine Zeit lang mit dem Training aussetzen, bis sich Körper und Nervensystem wieder vollständig erholt haben. Auch wenn es Sie noch so ärgert: Wenn Sie weiter trainieren, verschlimmern Sie die Situation nur noch. Sie kommen um eine Trainingspause nicht herum! Am schnellsten erholen Sie sich, indem Sie ausgiebig schlafen, gut essen und sich so wenig Belastungen wie möglich aussetzen. Verbringen Sie das Wochenende im Bett, sehen Sie ausgiebig fern oder lesen Sie ein gutes Buch.

Der Zeitpunkt, an dem Sie das Training wieder aufnehmen können, lässt sich ebenfalls durch eine Pulsmessung bestimmen. Wenn der Ruhepuls sich zwei bis drei Tage lang wieder im normalen Bereich bewegt, kann davon ausgegangen werden, dass sich der Körper ausreichend erholt hat.

Abschließend noch einige Worte zur »Zwangspause«: Ambitionierte Kraftsportler sind an diesem Punkt manchmal der Verzweiflung nahe. Da hat man so hart gearbeitet und jetzt ist alles verloren! Doch so schlimm ist es gar nicht. Das Beste ist in einem solchen Fall wirklich, die Hanteln für ein bis zwei Wochen aus der Hand zu legen. Weiter zu trainieren ist sinnlos. Der Körper versucht verzweifelt, mit der zu hohen Belastung fertig zu werden, doch der Stress ist einfach zu groß. Die überhöhten Spiegel des Stresshormons Cortisol sinken kaum noch auf Normalwerte; der Körper verbrennt Muskulatur, statt sie zu verstärken. In diesem Zustand funktioniert erfahrungsgemäß auch der Fettabbau nicht richtig; trotz sportlicher Betätigung und korrekter Diät wird man das Gefühl nicht los, eher an Bauchfett zu gewinnen statt abzunehmen.

Das Ganze hat aber auch Vorteile: Wer jetzt richtig reagiert und eine Trainingspause einlegt, der wird sich wundern, was passiert. Es ist, als wenn man

Erholungsprogramm bei beginnendem Übertraining

3 Trainingstage pro Woche, 15-20 Wiederholungen pro Satz

Übung	Sätze
Tag 1	
• Kurzhantel-Schrägbankdrücken	3
• Fliegende Bewegung	2
• Rudern mit einer Kurzhantel	2
• Kurzhantelcurl sitzend	2
• Bauchpressen	2
Tag 2	
• Beinstrecken	3
• Beincurls	3
• Wadenheben	3
Tag 3	
• Latziehen mit Parallelgriff	2
• Rudern aufrecht am Kabel	2
• Stirndrücken	2
• Fliegende Bewegung	2
• Kurzhantelcurl sitzend	2
• Bauchpressen	2

Das Erholungsprogramm ist bewußt mit den zuvor selten eingesetzten, für das Muskelwachstum nicht besonders effektiven Übungen gestaltet worden. Die hohe Wiederholgszahl erlaubt auch nur leichte bis mittelschwere Gewichte. Schließlich ist dieses Programm als »aktive« Erholung bei beginnendem Übertraining gedacht, nicht als weiteres Aufbauprogramm.

Falls der leicht erhöhte Ruhepuls nach einigen Tagen nicht abnimmt, muss auch dieses Training eingestellt werden und es ist eine Zwangspause vom Training einzuhalten – solange, bis der Ruhepuls wieder auf normale Werte gefallen ist.

plötzlich die Erfolge erntet, für die man so hart gearbeitet hat. Schon nach wenigen Tagen verschwinden die Einschlafprobleme. Die Laune bessert sich deutlich und es kommt zu einem »Rebound«-Effekt in Form eines kleinen, aber merklichen Muskelaufbaus: Die Ruhepause erlaubt dem Körper endlich, mehr Protein einzulagern und die Muskeln zu verstärken. Nach einer Woche sieht man – trotz Trainingspause – besser aus und fühlt sich auch so. Selbst beim Abnehmen stellen sich wieder Fortschritte ein. Die Trainingspause wirft Sie also nicht zurück, sondern bringt Sie weiter!

Das Erholungsprogramm bei ersten Anzeichen von Übertraining

Hier noch ein Spezialprogramm für die ganz hart gesottenen Kraftsportler. Jeder, der schon länger trainiert, kennt das enttäuschende Gefühl, wenn man im Übertraining landet und dann mit dem Training aussetzen muss. Man hat so hart gearbeitet, um diesen Leistungsstand zu erreichen und jetzt droht ein Rückschritt, weil das gewohnte Trainingsprogramm unterbrochen werden muss.

Nun, wenn Sie nicht zu stark übertrainiert sind und das Gefühl haben, dem Training nicht so lange fernbleiben zu können, dann sollten Sie das Erholungsprogramm einmal ausprobieren.

Das Erholungsprogramm erlaubt Ihnen drei Trainingstage pro Woche, allerdings mit »leichten« Übungen und einer recht hohen Wiederholungszahl (zwischen 15 und 20). Durch den Verzicht auf die schweren Grundübungen, den weitgehenden Einsatz nicht so effektiver Übungen und die hohe Wiederholungszahl, die letztlich ein geringeres Gewicht voraussetzt, wird die Belastung für den übertrainierten Organismus erheblich verringert.

Gleichzeitig werden die Muskeln aber nicht völlig vernachlässigt. Die psychologische Komponente spielt dabei ebenfalls eine Rolle: Wer nicht zur Untätigkeit verdammt ist, sondern das Gefühl bekommt, für seine Muskeln noch etwas zu tun, der wird sich auch nicht so niedergeschlagen fühlen. Obwohl Ihnen das Erholungsprogramm bei Weitem nicht so viel abverlangt, wie die normalen oder die Spezialprogramme, sollten Sie doch Ihren Ruhepuls im Auge behalten. Fällt dieser nicht innerhalb von einer Woche in den normalen Bereich, dann müssen sie doch eine Trainingspause einlegen.

* * *

Schlusswort

Die auf den vorangegangenen Seiten vorgestellten Trainingspläne sollen dazu dienen, Ihnen einen guten Einstieg in das neue synergistische Muskeltraining zu ermöglichen. Vermutlich werden Sie schnell eigene Trainingspläne aufstellen, die Ihren Wünschen und Möglichkeiten noch besser entsprechen. Ein Motto sollten Sie dabei aber im Hinterkopf behalten – weniger ist mehr!

Wenn ich auf mein jahrzehntelanges Hanteltraining und das meiner Freunde zurückblicke, dann habe ich eines immer wieder feststellen müssen: Ausbleibende Fortschritte beim Muskelaufbau waren eigentlich nie auf mangelnde Motivation oder fehlenden Einsatz beim Training zurückzuführen. Im Gegenteil: Viel öfter haben uns Übereifer (noch eine Übung, noch ein Satz mehr) und der Versuch, den Körper trotz Anzeichen von Überlastung zum Training zu zwingen, zurückgeworfen. Übertraining, Verletzungen und Infektionen führten nach tollen Aufbauphasen immer wieder zu Trainingspausen oder zu eingeschränktem Trainingsablauf. »Hören« Sie also besser auf ihren Körper und treten Sie etwas kürzer, wenn es sein muss. Danach geht es umso schneller weiter!

Ich wünsche Ihnen viel Freude mit dem synergistischen Training und gute Erfolge beim Muskel- und Kraftaufbau!

*